같은 미드를 300번 보면 생기는 일

American TV series

같은 미드를 300번 보면 생기는 일

지은이 안수아
펴낸이 임상진
펴낸곳 (주)넥서스

초판 1쇄 발행 2025년 9월 5일
초판 2쇄 발행 2025년 9월 10일

출판신고 1992년 4월 3일 제311-2002-2호
10880 경기도 파주시 지목로 5
Tel (02)330-5500 Fax (02)330-5555

ISBN 979-11-6683-838-5 03740

출판사의 허락 없이 내용의 일부를
인용하거나 발췌하는 것을 금합니다.

가격은 뒤표지에 있습니다.
잘못 만들어진 책은 구입처에서 바꾸어 드립니다.

www.nexusbook.com

★ 미드 1만 시간 본 국내파의 영어 생존 전략 ★

같은 미드를 300번 보면 생기는 일

American TV series

안수아 지음

같은 미드를 반복해서 보는
최적의 미드 학습법 공개

25만 유튜버
수아바나나의
미드 학습 전략

넥서스

프롤로그

영어 희생자에서
생존자가 되기까지

영어 희생자

영어 때문에 한이 맺혔다. 진짜 아무리 해도 안 된다. 어디서부터 잘못된 걸까? 영어로 제대로 말하는 것이 가능하기는 한 걸까? 왜 수많은 사람들이 영어 말하기에 실패하는 걸까? 그렇게 돈과 시간을 많이 쓰는데 왜 자신 있게 영어로 말 한 마디 못 할까? 나는 평생 이런 생각들을 해 왔다. 나는 여러분과 같은 토종 한국인이다. 여러분과 같이 한국식 영어 교육을 받았고, 핀란드에 정착하기까지 영어권 국가에 가 본 적도 없었다. 여러분과 같이 영어 때문에 많이 고생했고, 한 마디도 제대로 말하지 못 했다. 즉, 나는 영어 희생자였다.

한국인의 영어 실력은 정말 처참하다. ETS가 발표한 '2023년 전 세계 토플 성적 통계 데이터' 자료를 보면 우리나라는 120점 만점 기준 평균 86점을 기록했다. 이는 북한과 같은 점수이다. 그런데 북한이 영어 사교육에 우리만큼 돈을 쏟아부었을까? 북한이랑 똑같은 수준이라면, 영어를 정복하기 위해 우리가 70년간 들인 노력은 과연 의미가 있었던 걸까?

한 가지 더 주목할 만한 점은 전 세계에서 가장 IQ가 높은 국가들이 영어에 고전하고 있다는 사실이다. 2019년 'Ulster Institute'에서 리처드 린(Richard Lynn)과 데이빗 베커(David Becker)가 발표한 'THE INTELLIGENCE OF NATIONS'에 따르면 상위 10개국 국가별 IQ는 다음과 같다.

1. Japan
2. Taiwan
3. Singapore
4. Hong Kong
5. China
6. South Korea
7. Belarus
8. Finland
9. Liechtenstein
10. Netherlands

먼저 싱가포르와 홍콩은 영국의 식민 지배를 받은 나라들이다. 그러니 이들은 영어를 잘하는 것이 당연하다. 이들 국가를 제외하고 보자. 일본은 가장 높은 평균 아이큐를 가진 나라지만, 영어를 가장 못하는 나라 중 하나이다. 대만 사람도 영어를 어려워한다. 그 뒤를 잇는 중국, 한국 역시 영어를 잘 못하는 나라들이다. 이렇게 두뇌가 뛰어난 나라들이 왜 영어는 못하는 것일까? 혹시 영어를 배우는 데 있어서 지능보다도 더 중요한 요소가 있는 것일까?

동서양의 언어가 너무 다르기 때문에 어려워하는 것은 아닐까? 영어 사용자 입장에서 가장 배우기 어려운 언어가 한국어, 중국어, 일본어, 아랍어라고 한다. 그렇다면 반대로 한국어, 중국어, 일본어, 아랍어 사용자들도 영어를 배우는 게 어렵지 않을까? 실제로 한국인, 중국인, 일본인은 영어를 상당히 어려워한다.

엎친 데 덮친 격으로, 한국, 중국 그리고 일본의 영어 교육 방식은 영어를 더욱 어렵게 만든다. 안 그래도 영어를 배우기가 힘든 사람들에게 영어를 전혀 할 수 없게 가르치는 것이다. 이 세 나라에서 영어를 가르치는 방식은 'GTM(Grammar Translation Method)'식이다. 이는 문법 해석 교수법으로 알려져 있다. 한국, 중국, 대만, 일본 모두 GTM으로 영어를 가르치고 있다. 일본은 이를 '야쿠도쿠'라고 하는데, 먼저 영어 단어를 일본어로 바꾼 뒤 일본어 어순에 맞게 바꾸는 '읽기' 기법이다. 나도 이런 교육을 받았고 결국에는 영어 한 마디 제대로 하지 못했다. 나뿐만이 아니라 같이 공부했던 수많은 사람들도 영어 한 마디를 제대로 할 수 없었다. 이런 상황은 중국, 대만, 일본에서도 마찬가지이다. GTM의 학습 목표는 읽기와 쓰기이다. 말하기와 듣기에는 전혀 도움이 안 된다. 더 심각한 건 우리나라에서는 쓰기조차도 안 한다는 사실이다. 사실상 읽기 위주의 수업인 것이다.

이 '문법 해석 교수법'은 장단점이 명확하다. 문제 출제와 채점이 쉽고 동시에 많은 학생을 가르칠 수 있다는 장점이 있다. 반면에 학생들의 듣기 실력과 회화에서는 크게 도움이 되지 않는다는 단점이 있다. 오히려 영어 회화에 방해가 될 수도 있다. 즉, GTM은 번역을 위한 교수법이고, 영어 말하기와 듣기에는 크게 도움이 안 된다는 사실이다.

영어 생존자

이런 한국의 교육을 받고 자란 내가 지금은 원어민 수준으로 영어를 구사한다. 어떻게 해낼 수 있었을까? 사실 나도 의아하다. 내가 어떻게 영어를 잘하게 되었는지를 알아내면, 이를 다른 한국 사람들에게도 적용할 수 있지 않을까? 그래서 나는 하나씩 짚어 보기 시작했다. 그리고 내가 영어 생존자가 될 수 있었던 생존 법칙을 발견하게 되었다.

내가 발견한 생존 법칙은 3단계로 이루어져 있다. 1단계는 사랑이다. 대부분의 사람들은 영어를 공부해야 하는 대상으로 생각한다. 하지만 영어 자체는 그저 도구일 뿐이다. 사실 본질은 이 영어라는 도구를 쓰는 사람에 있다. 영어를 사랑해야 하는 것이 아니라, 영어를 쓰는 사람에게 매력을 느껴야 한다. 나는 이것을 미드의 주인공들을 사랑하면서 성취해 냈다. 그들이 보고 싶고, 그들의 생각이 궁금하고, 그들이 무슨 말을 하는지 알고 싶었다. 그들을 보는 게 즐겁고, 더 보고 싶고, 그들과 함께하는 시간에 소소한 행복감을 느낄 수 있었다. 이 1단계가 없다면, 다른 어떤 좋은 학습법도 의미가 없다고 확신한다. 사랑이 먼저인 것이다. 사랑에 빠지는 것도 과학이다. 누구나 방법을 알면 미드를 사랑할 수 있다.

2단계는 좀 더 실질적인 학습법을 다룬다. 축구를 좋아한다고 모두가 다 축구를 잘할 수 있는 건 아니다. 좋아하는 수준에서 잘하는 수준으로 가기 위해서는 축구를 제대로 배워야 한다. 나는 완전한 토종 한국인이다. 그런 내가 마치 원어민처럼 영어를 하도록 바꿨다. 나는 영어에 대한 이해도 있지만, 한국어에 대한 이해도도 깊은 편이다. 왜 여러분이 영어를 어려워하는지, 어떻게 해야 본질적으로 여러분의 영어를 바꿀 수 있는지를 경험을 통해 알고 있다. 영어에 대한 이해만 있는 원어민 선생님이나 해외파 선생님들은 한국인이 왜 영어를 어려워하는지 이해하지 못할 수도 있다.

특히 내가 여러분에게 알려 주려고 하는 2단계에서는 단 하나의 원칙으로 영어를 간단히 풀어 버린다. 미국 드라마를 300번씩 보면서, 영어라는 게 무엇인지 조금씩 보이기 시작했다. 그러면서 마침내 일종의 영어의 규칙 같은 것을 발견했다. 이는 너무 간단하고 직관적이고 쉬워서 초등학생도 바로 배워 쓸 수 있는 원칙이다. 나는 2단계에서 영어 전체를 관통하는 하나의 원칙으로 여러분의 영어에 대한 이해를 영원히 바꿔 버릴 것이다.

이 두 가지 깨달음으로 여러분들의 영어를 바라보는 안목 자체가 달라질 것이다. 하지만 이 깨달음에서 끝나서는 안 된다. 이 깨달음을 바탕으로 실력을 키워야 하는데, 여기서부터가 중요하다. 그 비밀은 바로 '반복해서 미드 보기'이다. 내가 토종 한국인임에도 원어민 수준으로 영어를 할 수 있었던 결정적인 요인은 하나의 미드를 300번가량 반복해서 봤기 때문이다. 2단계를 끝내고 나서 미드를 반복해서 보기만 해도 영어 회화 실력이 차원이 다른 수준으로 발전한다.

3단계는 이렇게 흡수한 영어를 직접 내 입으로 말해 보면서 완전히 내 것으로 만드는 작업이다. 어떻게 하면 효과적으로 영어를 말할 수 있는지 여러 가지 조언들을 준비했다. 이렇게 3단계를 거치면 마침내 영어가 원어민 수준까지 갈 수 있는 기반이 마련된다.

다시 말하지만 가장 중요한 것은 미드를 반복해서 보는 것이다. 대부분의 사람들은 어떻게 반복해서 봐야 하는지를 모른다. 그래서 10번 반복할 때까지 중요한 부분들을 세부적으로 안내해 줄 것이다. 지침들을 하나하나 따라 하면서 여러분의 영어를 완벽하게 바꾸길 바란다. 그럼 여러분의 영어 인생을 바꿀 준비가 되었는가? 출발해 보자.

CONTENTS

프롤로그　영어 희생자에서 생존자가 되기까지　　　4

1장　미드 영어 도전기
나의 영어 학습 도전기　　　12
왜 미드인가?　　　34
미드 학습법에 대한 다양한 질문　　　40
미드는 어디서 보는 걸까?　　　54
처음 영어 공부하기 좋은 미드 추천　　　59

2장　미드 영어 학습의 정신
첫 번째 미드 보기　　　73
두 번째 미드 보기　　　79

3장 미드 영어 학습의 핵심

세 번째 미드 보기	100
네 번째 미드 보기	111
다섯 번째 미드 보기	131
여섯 번째 미드 보기	140

4장 미드 영어 발음의 모든 것

일곱 번째 미드 보기	154
여덟 번째 미드 보기	164
아홉 번째 미드 보기	175

5장 미드 영어의 완성

열 번째 미드 보기	182
마지막 점검	187
실전 영어 완성하기	190

1장 미드 영어 도전기

나의 영어 학습 도전기

초등학생

나는 특별히 조기 영어 교육을 받은 적은 없지만, 태어나자마자 혀 시술을 받았다. 혀가 기형적으로 입 바닥에 붙어서 태어난 것이다. 말을 잘 못할 수도 있다고 해서 혀를 길게 만드는 시술을 받았다고 한다. 그래서 남들보다 혀가 좀 더 긴 편이다. 사람들은 이게 영어 발음을 하는 데 도움이 된다고 하는데, 정말 그런지는 잘 모르겠다.

초등학교를 다니던 시절이었다. 당시 부모님 지인 중 학교 영어 선생님이 있었다. 하루는 그 선생님이 미국인과 대화하는 것을 보게 되었는데 나는 깜짝 놀랐다. 무슨 이야기를 하는지는 몰랐지만, 한 가지 분명히 알 수 있는 건 영어 선생님이 버벅거린다는 사실이었다. 초등학생인 내가 보기에도 영어 선생님이 영어로 대화를 나누는 것을 어려워하는 게 분명했다.

뭔가 너무 이상했다. 학교 영어 선생님이면 당연히 영어를 많이 공부한 사람인데, 왜 영어를 못하는 걸까? 당시 내 주변에는 알고 지내던 대학생도 있었는데, 그들도 거의 영어 실력이 나랑 다를 바가 없었다. 이대로 가다가는 내가 대학생이 되었을 때도 영어로 말 한 마디 못 할 수도 있겠구나 하는 불안감이 몰려왔다. 그때 어렴풋이 깨달았다. 영어를 오랫동안 공부했다고 해서 모두 영어를 잘하는 게 아니라는 사실을 말이다. 그럼 도대체 어떻게 해야 영어를 잘할 수 있을까?

그러던 어느 날 어린이 캠프에서 외국에서 살다 온 아이를 만나게 되었다. 분명 한국인이었는데, 이 아이는 영어를 정말 잘했다. 내가 봤던 어떤 영어 선생님보다 유창하게 영어를 잘했다. 어린 마음에 이 아이가 참 부러웠던 기억이 난다. 외국에서 어려서부터 살면 영어를 잘할 수 있을까? 당시에 이미 주변 어른들로부터 어려서부터 외국에서 살아야 영어를 잘할 수 있다는 이야기를 많이 듣고 있던 터라 외국에서 공부할 수 있는 형편이 전혀 안 되었던 내 입장에서는 갑자기 걱정이 앞서기 시작했다.

중학생

본격적으로 영어에 대한 고민이 시작된 것은 중학교 때이다. 중학교 1학년에 입학한 지 얼마 안 되었을 때였다. 영어 시간에 단어 10개를 외워서 시험을 보는데, 항상 4~6개를 틀렸다. 그래서 영어 단어를 외우는 건 정말 어렵다고 생각하고 있었다. 그런데 마침 친구 중 한 명이 단어 시험에서 항상 좋은 점수를 받아서 나는 아무 말도 못 하고 속으로 그 친구를 부러워만 했다.

당시 내 친구들은 대부분 학원에 다니고 있었다. 학원에서는 중학교 가기 전 겨울 방학 때 이미 아이들에게 수많은 단어를 외우게 했다. 당시 방학 때 학원에서 하루에 50개씩 단어를 외웠다고 한다. 그 말을 들었을 때 나는 절대 불가능하다고 생각했다. 결국 나는 그 중요한 겨울 방학에 학원을 다니지 않았다. 집에서 놀기만 했기에 학교에서 그런 친구들과 경쟁이 될 리 없었다.

당시 나는 학교에서 영어 시험을 볼 때 항상 70점 정도를 맞았는데, 매번 틀리는 것들은 교과서 지문에 빈칸을 만들어서 출제한 문제 유형이었다. 그 빈칸에 들어갈 적절한 단어를 써야 했는데, 항상 그 문제들을 틀렸던 것이다. 그러던 어느 날 영어 교과서를 다 외우면 100점을 맞을 수 있다는 영어 선생님의 말씀을 듣고 나서 그날부터 시험 범위에 해당하는 부분을 읽고 또 읽으며 외우기 시작했다.

시험 당일, 너무 놀라웠다. 분명 나는 문법을 전혀 모르지만 문제의 정답이 다 보였다. 그냥 다 외워 버린 것이다. 그 시험에서 96점을 맞았다. 그 뒤로 중학교 영어 시험은 항상 고득점을 받았다. 그런데도 여전히 영어는 한 마디도 못 했다. 나는 비록 어린 나이였지만, 뭔가 잘못되었다는 것은 눈치 채고 있었다. 영어를 배우고 있지만, 말 한 마디 못 한다는 것이 너무 이상했다. 이대로 가다가는 영어를 절대 유창하게 할 수 없을 것이라는 불안감이 더욱 밀려 왔다.

중학교 때 영어 수업 시간이었다. 선생님께서 영어는 마치 수학과 같다고 말씀하셨다. 문법 공식이 있고 그 문법 공식에 따라 단어만 바꿔서 넣으면 문장을 만들 수 있다는 것이었다. 그렇게 하기 위해서는 단어를 많이 외워야 된다고 하셨다. 그리고 문법 공부도 많이 해야 된다고 말씀하셨다. 그런데 뭔가 이상했다. 이 선생님 역시 내가 보기에는 영어 실력이 좋지 않았다. 원어민 선생님과 대화하는 모습을 보면 영어가 어색했다. 하지만 시험을 위해서는 단어를 외우고 문법을 공부할 수밖에 없었다. 하지만 이렇게 공부해서는 결코 영어를 제대로 말할 수 없을 것이라는 생각이 떠나지 않았다. 시험을 위해 어쩔 수 없이 단어를 외우고 문법을 공부해야 하는 현실이 싫었다.

당시 내가 다니던 교회에는 타미라는 미국 사람이 있었다. 당시 나는 영어를 잘하고 싶었기 때문에 타미에게 여러 가지 질문들을 했었는데 정말 이상했던 점이 있었다. 내가 학교에서 배운 대로 영어 문법에 단어를 끼워 맞춰서 문장을 만들면 타미는 거의 100% 확률로 내 영어가 틀렸다며 지적했다. 실제 미국에선 그렇게 말하지 않는다는 것이었다. 그러면서 실제 미국 사람들이 쓰는 표현들을 내게 알려 주었다. 그때부터 나는 영어로 문장을 만들면 꼭 원어민들에게 확인을 받는 습관이 생기게 되었다. 기본적으로 내가 영어로 문장을 만들면 반드시 잘못된 문장이 된다는 것을 깨달은 것이다. 그래서 나는 원어민들이 쓰는 문장을 받아들여야 한다는 생각을 하기 시작했다. 그래서 이 시기를 기점으로 미드를 반복해서 보면서 원어민 영어를 그대로 흡수하는 방식의 학습법에 대해서 눈을 뜬 것이다.

그러던 어느 날 친한 동생이 영어 학원을 다닌다는 소식을 들었다. 그곳에서는 미국 영화와 미국 소설책을 기반으로 영어로만 수업을 진행한다고 했다. 그날 바로 엄마를 졸라서 그 학원에 상담을 받으러 갔다. 지금도 기억에 남는 것은 그곳에서 해마 학습법을 강조했다는 것이다. 재미있게 공부하면 기억과 학습을 관장하는 해마가 활성화되어 학습 효과가 5배 좋다는 것이 골자였다. 또 미국 영화로 재미있게 공부할 수 있다는 게 너무 흥미로웠다. 이곳이라면 드디어 나도 영어를 잘할 수 있게 될 것 같은 희망이 생겼다. 지금까지 부모님에게 학원에 보내 달라고 한 적이 없었던 내가 간절히 부모님을 졸랐다. 그리고 바로 그 학원에 등록하고 공부를 시작했다. 매달 새로운 영화를 보고, 새로운 영어책을 받았다. 이런 새로운 시스템의 고급 교육을 받을 수 있다니 너무 행복했다.

그곳에서 강조했던 것은 영화를 볼 때 자막을 보지 말라는 것이었다. 당시 학원의 모든 영화들은 영어 자막과 한국어 자막 둘 다 제공되고 있었는데, 나는 한 번도 자막을 켜고 본 적이 없었다. 그러다 보니 같은 영화를 수십 번을 봐도 정확히 무슨 내용인지 알기가 어려웠다. 그리고 학원에서 수업을 할 때는 '미믹킹'이라고 해서 소리를 듣고 따라 하는 연습을 많이 했다. 지금 생각해 보면 이 '미믹킹'이 '쉐도잉'에 해당하는 것이었다.

학원에 다니면서 동네 친한 동생이 나보다 6개월이나 진도를 앞서 나간 상급반에 있다는 걸 알게 되었다. 나는 자존심이 상해서 원장님께 월반을 해 주시면 안 되냐고 문의했다. 원장님은 실력 차이가 많이 나서 어려울 것이라고 말씀해 주셨다. 그 말을 듣고 더 오기가 생겨 반드시 월반하겠다고 다짐했다. 그렇게 3개월 더 공부를 했더니 이미 반에서는 발음이나 문장을 읽는 속도가 압도적으로 1등이 되었다. 원장님을 다시 찾아가서 월반을 시켜 달라고 말씀을 드렸다. 그간 내 노력을 보시고 가능성을 보셨는지, 이를 허락해 주셨다. 드디어 나도 상급반이 된 것이다.

상급반 첫날 수업을 아직도 잊지 못한다. 나는 내가 잘 따라 갈 수 있을 것이라고 생각했는데 충격적인 일이 일어났다. 그곳 학생들은 영어를 나보다 2배 빠른 속도로 읽고 발음하는 것이었다. 나는 중간도 못 갔는데 이미 이 친구들은 다 읽은 것이다. 더 열심히 해야겠다고 생각했고, 정말 영화나 오디오북에서 나오는 사람들의 목소리 톤, 억양, 숨 쉬는 타이밍 모든 것을 똑같이 따라 하려고 노력했다. 다른 사람들이 들으면 내가 말하는지 영화에서 나오는 대사인지 구분할 수 없을 정도로 말하는 게 내 목표였다.

당시 이렇게까지 소리에 집중하고 발음에 신경을 쓸 수 있었던 이유가 있었다. 나는 초등학교 6년 내내 피아노를 쳤는데, 이때 듣는 귀가 예민해졌다. 당시 피아노를 치면서 소리만 들어도 무슨 음인지 맞힐 수 있는 정도였다. 물론 이 소리를 구분하는 것은 성인이 된 지금은 안 되지만, 당시는 그게 들렸다. 이 소리에 대한 민감성은 영어 발음을 정확하게 듣고 따라 하는 데 큰 도움을 주었다.

나는 상급반에서 정말 빠르게 성장하기 시작했다. 특히 내 발음은 영화나 오디오북에서 나오는 원어민의 발음과 정말 완벽하게 똑같았다. 원서를 소리 내서 읽는 속도도 점점 빨라졌다. 상급반 학생들과 나의 격차는 점점 줄어들더니 어느새 내가 앞서기 시작했다. 한 1년쯤 지나니 내가 그 학원에서 가장 영어를 잘하는 학생이 되었다. 그렇지만 여전히 소리를 흉내 내는 수준이었지, 문장들의 의미도 잘 몰랐고, 스스로 영어 문장 하나 제대로 만들 수 없었다. 근데 그때는 그게 이상하다는 생각을 하지 못했다. 주변에서 다들 내 발음이 좋다고 나를 치켜세워 주니 나는 내가 영어를 잘하는 줄 알았다. 그렇게 중학교 2학년부터 고등학교 2학년까지 이 학원을 다녔다.

고등학생

내 발음은 고등학교 때 거의 완성되었다. 당시 사람들은 내 영어 발음을 들으면 깜짝 놀라곤 했다. 정말 발음 하나만큼은 자신 있었다. 하지만 여전히 제대로 된 영어는 하지 못했다. 글 하나를 보고 영어로 읽기 시작하면 기가 막힌 발음으로 읽지만, 영어 문장 하나를 만들어 보라고 하면 여전히 제대로 된 말 한 마디 할 수 없었다. 그래도 열심히 하다 보면 언젠간 될 거라는 생각으로 계속해서 공부했다.

 이렇게 소리 위주로 공부를 하니 학교 영어 공부에서도 문제가 생겼다. 고등학교에서는 영어 수준이 크게 올라갔고, 성적은 당연히 떨어지기 시작했다. 그동안 발음 공부만 했으니 어쩌면 당연한 결과지만 당시의 나는 이해할 수 없었다. 이렇게 영어 발음을 잘하고 열심히 노력했던 내가 왜 시험 성적이 안 나올까? 그나마 다행인 건 듣기에서는 좋은 성적이 나왔다는 것이다.

 영어 성적이 잘 안 나오자 친구들은 나를 '발음만 좋은 아이'라고 놀리기 시작했다. 나는 그 표현이 정말 싫어서 뒤늦게 입시 대비 영어 공부를 하기 시작했다. 단어장을 붙들고 계속 단어를 외우기 시작했다. 그렇게 단어장 하나가 너덜너덜해질 때까지 소설책 읽듯이 수십 번을 봤더니 영어 시험에서 모르는 단어가 줄어들기 시작했다. 자연스럽게 성적도 오르기 시작했으며, 이후 문법 강의도 듣기 시작해서 시험 성적은 급속도로 상승했다.

이렇게 고2 겨울에 처음으로 영어 1등급을 받았다. 하지만 여전히 나는 영어로 제대로 된 한 마디조차 말할 수 없었다. 영어 시험은 1등급인데 영어회화는 엉터리였던 셈이다.

1등급인데 영어는 왜 한 마디도 못 할까?

결국 차가운 현실을 마주할 수밖에 없었다. 한국 영어 교육으로는 제대로 된 영어 한 마디 하는 것조차 불가능하다는 사실을 말이다. 마냥 열심히 하면 언젠가는 될 거라고 생각했다. 그러나 막상 정상에 다다르니 현실에 좌절할 수밖에 없었다. 나도 결국에는 미국으로 유학을 가야 하나 고민을 하기 시작했다.

한국에서 주어진 환경 하에서 나름대로 열심히 해 봤지만 너무나도 큰 한계의 벽을 경험하게 되었다. 하지만 가정 형편상 미국 유학은 불가능했다. 한국에서는 도저히 방법이 없는 것일까 고민하던 중에 미국 드라마를 떠올리게 되었다. 미국으로 유학을 갈 수 없다면 한국에서 미국 드라마라도 보자는 생각을 하게 되었고, 그렇게 나의 미국 드라마의 여정이 18살에 시작되었다.

미드 How I met your mother

그렇게 미드를 찾아보던 중 〈How I met your mother〉라는 드라마를 우연히 알게 되었다. 학원에서 배우던 것과는 달리 이번에는 한국어 자막을 켜고 보았다. 자막이 없으면 무슨 내용인지를 알 수 없었기 때문이다. 나는 첫 화부터 이 드라마의 매력에 푹 빠지게 되었고, 그렇게 며칠 만에 나와 있던 시즌을 전부 다 봤다. 난생 처음 느낌 감정이었고, 더 보고 싶어서 다시 보게 되었고, 다시 보니 또 새롭고 재미있었다. 그렇게 계속해서 이 드라마만 봤다. 이건 드라마를 보는 게 아니라 영어 공부를 하는 거라고 생각하니 시간이 아깝지도 않았다. 그래서 더욱 몰입하게 되었고, 드라마의 세부적인 부분까지 감정이입을 하게 되었다. 등장인물들이 너무 좋아서 그들에게 이메일도 보낼 정도였다(물론 답장은 없었다).

그렇게 반복해서 보니 내용은 완벽히 파악되었다. 그러자 이제는 이 등장인물들이 영어로 뭐라고 하는지가 자연스럽게 궁금해지기 시작했다. 그래서 한영 통합자막을 켜고 보기 시작했다. 그렇게 보니 새로운 단어들이 저절로 외워지기 시작했다. 한영자막을 대조해서 보면서 몰랐던 단어도 자연스럽게 그 뜻을 이해하게 되었다. 수능 단어는 모르는 단어가 거의 없을 정도로 많이 외웠지만, 이상하게도 이 미드에서 나오는 단어들은 모르는 단어들이 너무 많았다. 그렇게 자연스럽게 새로운 단어들을 하나씩 익히기 시작했다.

그렇게 또 반복해서 보다 보니 이제는 모르는 단어들이 거의 없어졌다. 다 아는 단어들이고 문장도 들리기 시작했다. 이미 수십 번을 들었으니 어쩌면 당연한 결과라고 할 수 있다. 이제는 한국어 자막은 아예 끄고 영어 자막만 켜고 보기 시작했다. 어떤 에피소드는 아예 자막을 끄고 봤다. 정말 내용을 다 외워 버릴 지경이었다. 좀 질린다 싶으면 다음 에피소드로 넘어가면서 질리지 않게 재미있게 계속해서 반복해서 봤다. 그 당시 내 일상은 미드로 가득 찼다. 아침에서 일어나면 제일 먼저 미드를 봤고, 잠들기 직전까지 계속해서 봤다.

영어 가속화

지금 돌이켜 보면 내 가족들도 미드에 빠진 나를 이해해 줬던 것 같다. 내가 항상 집안에서 시끄럽게 미드를 틀어 놓고 그것만 보고 있는데 누구도 뭐라고 하지 않았다. 나 역시 미드 보는 행위를 공부라고 생각했기에 전혀 죄책감이 들지도 않았다. 정말 완전히 나 자신을 미드에 빠져들게 허락했다. 더 많이 미드를 보기 위해서 심지어 핸드폰에 터치 2번만 하면 미드가 바로 재생될 수 있게 배경 화면 정 중앙에 앱을 배치했다. 미드 재생까지 5초도 안 걸렸다. 이렇게 실행이 쉬워지니, 미드 보기는 더 가속화되기 시작했다. 정말 자타공인 미드에 미친 사람이었다. 수능 끝나고는 하루에 16시간 이상씩 보기도 했다.

이런 현상의 중심에는 영어를 유창하게 말하고 싶다는 열망이 있었다. 또 유학을 갈 수 있는 친구들에게 느꼈던 열등감이 조합되며 이는 강한 에너지로 작용했다. 어떻게 해야 영어를 잘할 수 있는지는 몰랐지만, 어떻게든 해낼 것이라는 막연한 생각으로 덤벼들었다.

다만 여러분이 오해하면 안 되는 것은, 내가 독해서 이를 해낸 게 아니다. 재미있었기 때문에 해낸 것이다. 내가 독해서 성공한 것이라면, 다른 학습법으로도 영어 말하기에 성공했을 것이다. 이전에 다른 방법도 시도해 봤지만, 한 번도 성공한 적이 없었다. 재미있는 미드를 만났다는 것이 핵심이고 재미있었기 때문에 많은 에너지가 필요하지도 않았다.

영어 자신감

그렇게 보다 보니 영어 실력이 급속도로 상승하는 것이 느껴졌다. 자신감은 하늘을 찔렀다. 나 자신이 너무 자랑스러웠다. 발음도 더 좋아졌으며, 미드에서 나온 표현을 거의 외우다시피 했기 때문에 당장 미국인들을 만나서 써먹어 보고 싶었다. 실제로 미국인 앞에서 외운 표현들을 사용했을 때, 그들은 매우 놀란 반응을 보였다. 특히 혼자 한국에서 미드를 보면서 해냈다고 하면 하나같이 믿을 수 없다는 표정을 지었다. 한국에 사는 미국 사람들은 한국인이 영어를 얼마나 못하는지 알기 때문이다.

원어민 선생님들도 내 영어 실력을 보고 당혹감을 감추지 못했다. 사실 그분들도 학생들을 어떻게 가르쳐야 나만큼의 영어 실력을 달성할 수 있을지 몰랐기 때문이다. 당시 나는 이미 유창성 측면에서는 웬만한 중고등학교 영어 선생님을 넘어서는 수준이었다. 나는 한국 영어 교육 과정의 측면에서 볼 때 돌연변이 같은 존재였다. 모두가 나를 보고 놀랐다. 그때 내 나이 20살이었다.

불편한 불안감

그런데 마음 한편에 뭔가 부족하다는 느낌을 지울 수 없었다. 미드에서 외운 문장은 멋있게 완벽한 발음으로 말할 수 있었지만, 그 밖의 문장에서는 쩔쩔맸다. 미드에서 못 본 문장들은 내가 직접 만들어야 하는데, 시간도 오래 걸리고, 결국 문법도 망가지며 엉터리 문장이 되었다. 또한 내 영어가 미드에 한정되어 있다 보니 상황에 맞지 않은 경우도 많았는데, 외운 문장을 억지로 끼워 맞춰 쓰는 것이 티가 났다. 그러니 자꾸 말을 돌려서 하고 말이 길어지게 되었다.

사람들은 이런 사실을 모르니 마냥 내가 영어를 잘한다고 생각했다. 화려함 속에 나만 아는 불편한 진실을 마주하고 싶지 않았다. 사실 이 정도 실력만 되어도 영어 잘한다는 소리 들으며 살면 그만이었다. 일반 한국인에 비교할 수 없을 만큼 잘하는 실력이었고, 주변에 토익 만점 받았다는 형들보다도 영어를 잘했으니 여기서 만족할 수도 있었다. 굳이 더 욕심을 낼 필요는 없었.

하지만 냉정하게 평가했을 때 원어민에 비하면 아직 많이 부족했다. 이 수준은 지금 유튜브에 국내파를 자칭하는 대부분의 분들이 속하는 레벨이라고 생각했다. 나는 국내파지만 독학으로 원어민 수준까지 올라가야겠다는 생각이 들었다. 하지만 이것은 괴로운 결정이었다. 이 불편한 진실을 마주하자 내 영어가 원어민 기준에서 형편없다는 것이 분명해졌다. 그날부터 내 영어의 또 다른 장이 시작되었다.

어떻게 하면 영어를 원어민처럼 할 수 있을까?

원어민처럼 영어를 잘하려면 어떻게 해야 할까? 토종 한국인도 원어민만큼 영어를 잘하는 것이 가능한 것일까? 나에게 이 문제는 미지의 세계였다. 그동안 한국에서는 원어민 수준으로 영어를 구사할 수 있는 방법에 대해서 존재하지 않았다. 내가 직접 그 길을 찾아볼 수밖에 없었다. 미리 밝히지만, 그 길은 멀고도 험한 여정이었다.

일단 내가 하던 대로 계속 공부를 하기로 했다. 더 정확하고 완벽하게 표현을 다 외워 버리면 원어민처럼 영어를 할 수 있을 거라고 생각했다. 그래서 그때부터는 미드를 마냥 보지 않고 좀 더 체계적으로 보기 시작했다. 에피소드를 무한정 보는 게 아니라 딱 5개를 정해서 일주일 동안 계속 보는 것이었다. 그렇게 하루에 5개 에피소드를 3번 이상씩 일주일을 보기 시작했다. 이렇게 되니 20분짜리 미드를 처음부터 마지막까지 대사 하나 안 틀리고 다 외워 버렸다. 수많은 등장인물이 등장해서 떠드는 내용을 혼자서 처음부터 끝까지 외우려면 숨이 찼다.

이렇게 하다 보면 언젠가는 원어민처럼 영어를 할 수 있을 거 같았다. 그렇게 3년 동안 미드를 보면서 한 작품의 전 시즌을 다 외웠다. 처음부터 끝까지 대사를 다 외울 수도 있었다. 너무 신기했다. 드라마를 통째로 외워 버린 것이다. 그런 성취감은 나를 더욱 미드에 빠지게 만들었다.

하지만 표현을 더 정확하게 외우게 되니 더 빠르고 유창해지는 부분은 있었지만, 여전히 부족함은 채워지지 않았다. 이렇게까지 외웠는데도 영어가 안 되면 어떻게 해야 원어민 수준에 도달할 수 있을까? 문법을 더 공부해야 하나? 근데 미국 친구들은 문법을 모르는데도 영어를 잘하는 걸 보면 문법이 꼭 정답은 아니다. 그럼 단어를 더 공부해야 할까? 그래서 나는 시중에서 가장 어렵다고 할 수 있는 GRE 시험 대비용 단어장을 사서 1년간 외웠다. 문제는 그렇게 외웠는데 말할 때 실제로는 써먹을 수가 없었다. 외운 단어들은 6개월도 안 되어 다 잊어버렸다. 결국 단어도 해답이 아니었다. 도대체 어떤 문제 때문에 원어민처럼 말할 수는 없는 것일까?

작은 힌트

대학 시절 여러 가지 활동들을 하면서 다른 대학생들이 영어를 하는 모습들을 봤었다. 그런데 대학생들이 영어를 말하는 걸 들으면서 참 의아한 부분이 있었다. 다들 좋은 학교에 다니며, 우리나라에서 가장 똑똑한 학생들이라고 할 수 있는데 'Do you'와 'Are you'조차도 구분을 못했다. 3인칭을 쓸 때는 동사에 s를 붙여야 하는데 그런 기본적인 규칙조차 제대로 지키는 사람이 없었다. 순식간에 말을 해야 하는 상황에서 생각할 시간이 없으니, 틀린 영어를 말하는 것이다. 근데 이런 사실을 아무도 알아채지 못했다. 그냥 영어로 말을 하면, 그것만으로도 그 사람은 영어를 잘하는 사람이라고 사람들은 생각했다.

이처럼 다른 학생들이 영어로 말하는 것을 보면서 나는 더욱 신경 써서 기본적인 말하기 규칙을 지키려고 노력했다. 이런 기본적인 규칙이 맞지 않으면 완전히 엉터리 영어가 되기 때문이다. 하지만 이런 연습을 하는 사람을 주변에 찾아볼 수가 없었다.

드디어 찾은 실마리 : 동사 활용

나도 문법 공부를 해 봤기에 문법 공부가 정답이 아니라는 것을 알고 있었다. 오히려 이렇게 기본적으로 동사를 활용하는 부분을(3인칭, 과거, 질문, 부정 등) 빠르고 정확하게 할 수 있어야만 유창하게 영어를 할 수 있지 않을까 생각했다. 그리고 실제로 내가 영어를 하면서 버벅거리거나 시간이 오래 걸리는 부분이 바로 동사를 결정하는 부분이었음을 깨닫게 되었다. 동사 활용만 제대로 해도 말하기가 훨씬 편해지게 되고 머릿속의 내용을 바로 말할 수 있는 것이다.

어렴풋이 내 문제점이 보이기 시작했다. 문장을 미드에서 외우기만 했지, 동사를 결정하는 부분에 대해서는 주의 깊게 훈련하지 않았던 것이다. 그래서 동사를 결정하려고 할 때마다 과거인지 3인칭인지 현재인지 미래인지를 생각하느라 시간이 오래 걸렸다. 그래서 유창하게 영어를 말할 수 없었던 것이다. 그때부터 더 예민하게 동사를 결정하는 부분을 연습하기 시작했다.

나는 내가 동사의 활용법에 대해서 다 알고 있다고 생각했지만, 정확하고 빠르게 결정해서 말하는 데까지는 정말로 오랜 시간이 걸렸다. 영어를 정말 잘한다는 말을 들은 20살부터 26살까지 점차 좋아지긴 했지만, 이것 때문에 고생을 많이 했다. 지금 돌이켜 보면 이렇게 시간이 오래 걸렸던 이유가 있었다. 동사 활용이 중요하다는 사실에 대해 확신이 없었던 것이다. 그래서 그 부분에 제대로 집중을 못 했다. 사실 이때도 영어를 많이 듣고, 많이 봐야 한다는 불안감과 강박관념에 시달리며 보는 양에만 집중했던 것이다.

그래서 20살부터 26살까지 많은 미드, 유튜브를 봤다. 그렇게 보면 영어가 언젠가 늘 거라는 막연한 생각이 있었다. 하지만 단순히 유튜브 영상들을 영어로 많이 본다고 해서 영어가 되는 건 절대 아니다. 내가 문장을 만드는 능력이 없는데 많이 듣는다고 문장 만드는 능력이 좋아지지는 않는다. 특히 한국 사람들에게 이 부분은 매주 중요한데 한국어와 영어가 너무 다르기 때문이다.

많은 영어 표현을 접하는 것도 중요하지만 그것보다 중요한 것은 표현들을 활용할 줄 아는 것이다. 단어를 외우는 것도 중요하지만 그 단어들을 어떻게 쓰느냐에 따라 영어 실력이 결정된다. 간신히 외운 문장만 말할 수 있고 그 이외에는 말하는 것이 불가능한 반쪽짜리 영어가 자그마치 6년이나 지속이 되었던 것이다. 동사 하나를 가지고 긍정형, 부정형, 의문문, 과거형, 현재형, 3인칭, 미래형 등 다양한 형태로 자동적으로 말할 수 있을 때까지 계속해서 반복해야만 그 다음 레벨로 올라갈 수 있는 것이다. 누군가 나에게 이것을 미리 알려 줬더라면 내 영어는 더 빠른 속도로 발전했을 것이다.

초가속화

시간이 지나면 지날수록 동사 활용이 중요하다는 것이 점점 내 마음 속에서 강력하게 자리를 잡았다. 또 주변 사람들이 영어를 하는 것을 봤을 때 동사 활용이 엉망이라는 사실도 점점 알게 되었다. 영어를 잘한다는 사람들도, 영어 선생님들도 동사 활용에 시간이 많이 걸리고 정확하지 않았다. 동사 활용을 완벽하게 하는 사람들은 딱 한 부류의 사람들밖에 없었다. 그들은 바로 원어민들이었다. 원어민과 한국 사람들의 영어의 차이는 동사 결정 속도였다. 유창하고 빠르게 영어로 말하기 위해서는 동사 활용이 핵심이라는 것을 확실히 알게 되었다.

이후로 큰 깨달음을 얻었다. 동사 활용 연습을 많이 하기 시작했고 내 영어는 점점 정확해졌다. 이렇게 기본기가 탄탄해지자 비교적 복잡한 문장들이나 긴 문장들도 자연스럽게 구사하게 되었다. 이제 영어에 완전한 자신감이 생겼다. 지금 돌이켜 보면 이때 수준만 해도 부족한 부분이 많았지만 그래도 이때를 기점으로 영어로 자유롭게 소통할 수 있는 자유를 얻었다.

여기서부터 영어 실력은 더욱 폭발적으로 성장했다. 단단한 기반이 마련이 되니, 영어가 쌓이기 시작했다. 새로운 단어나 표현들을 봐도 흡수력이 좋아지기 시작했다. 내 안에 이미 질서가 잡혀 있기 때문에 받아들이는 게 쉬워졌다. 계속해서 영어가 성장했고, 이제는 신경 쓰지 않아도 영어가 자연스럽게 늘었다.

중국

23살에 중국의 한 대학교에서 한국어를 가르치는 봉사를 했다. 당시 나는 중국에 도착해서 3개월 만에 말하고 듣는 게 가능해졌다. 그럴 수밖에 없는 게 나를 포함한 대학생 20명은 중국에 도착하자마자 각지에서 중국어로 한국어 강의를 해야 했기 때문이다. 그래서 매일 강의 시간에 쓸 중국말을 적어서 준비해서 수업을 했다.

당시 나는 영어를 이미 곧잘 하는 수준이었는데 그러다 보니 영어와 중국어를 자연스럽게 비교하게 되었다. 당시 나는 주변 사람들한테 중국어는 영어보다 5배는 쉽다는 이야기를 자주 했었다. 영어는 그동안 배우면서 매우 어려웠지만 그에 비해 중국어는 무척 쉬웠다. 먼저 한국어에는 한자어가 70% 정도가 된다. 그러다 보니 발음까지 한국어와 정말 유사한 중국어 단어들이 많았다. 그런 단어들은 듣자마자 기억하게 되었다. 따로 단어를 외우려고 애를 쓰지 않아도 단어들이 막 외워지기 시작했다.

또 중국어를 배우면서 신기했던 것은 내가 중국어 단어를 마음대로 조합해서 문장을 만들어도 그게 중국에서 말이 되는 문장들이었다. 내가 스스로 문장을 만들어도 괜찮은 것이었다. 중국인 친구에게 확인해 봐도 그 문장이 맞다고 했다.

이건 정말 나한테 신선한 충격이었는데 앞서 밝힌 것처럼 내가 영어로 문장을 만들면 100% 확률로 잘못된 문장이 되었다. 그런데 중국어는 전혀 달랐다. 중국인들의 문장을 받아들이지 않고 그냥 내가 문장을 만들어도 되니 영어에 비해 너무 쉬웠다. 나는 6개월 만에 중국어로 철학적인 내용의 20분짜리 강의를 할 수 있었다.

그때 깨달았다. 같은 문화권의 언어를 배우는 것은 쉽지만, 다른 문화의 언어를 배우는 것은 매우 어렵다는 것을 말이다. 그런데 왜 영어는 중국어보다 5배나 어려울까? 그 의문점은 여전히 내 머리를 떠나지 않았다.

핀란드

지금 나는 유럽의 핀란드에 살고 있는데, 유럽인들이 영어를 배우는 모습을 보면, 딱 내가 중국어를 배우던 느낌이다. 핀란드 사람들은 정말 영어를 잘한다. 핀란드에 처음 왔을 때 핀란드 중고등학생들에게 6개월 정도 한국어를 가르친 적이 있다. 이 학생들을 처음 만났을 때 굉장히 놀랐다. 12살밖에 안 된 아이가 영어를 너무 수준급으로 구사해서 깜짝 놀랐다. 더 놀라웠던 사실은 이 친구들이 4~5개 국어를 한다는 것이다. 영어, 핀란드어, 스웨덴어, 독일어, 프랑스어 등을 자유롭게 구사한다. 정말 무슨 천재인 줄 알았다. 아이들의 말에 따르면 본인들은 그저 평범한 학생들 수준이라고 했다. 학교에서 그렇게 뛰어난 학생들이 아니어도 대부분의 학생들이 기본적으로 몇 개 국어씩 한다는 것이었다.

그렇다면 핀란드 교육 수준이 우리나라보다 월등해서 그런 걸까? 우선 이 아이들에게 한국어를 가르치면 금방 배우겠다는 생각이 들었다. 이미 외국어를 배워 본 경험이 있기 때문에 쉽게 한국어를 배울 것이라고 생각했다.

그런데 충격적인 일이 일어나기 시작했다. 그렇게 똑똑해 보이던 핀란드 학생들이 한국어만 하면 바보가 되는 것이었다. 너무 어려워했다. 아무리 가르쳐도 이전에 배웠던 내용을 기억도 못 하고 말 한 마디 못하는 것이었다. 마치 한국 학생들에게 영어를 가르치는 느낌이었다. 그때 번개처럼 내 머릿속에 한 생각이 스쳐 지나갔다. 동서양의 사람들이 서로의 언어를 배우는 건 정말 어려운 일이라는 사실을. 생각해 보니 일리가 있는 말이었다. 이 친구들이 4~5개국 언어를 구사하지만 모두

서양 언어들이었다. 서양 언어들끼리는 단어도 유사한 것들이 많고 표현 방식도 유사한 편이다. 또 문법 체계도 비슷하기 때문에 배우는 데 시간이 많이 걸리지 않는 것이다.

이는 마치 내가 중국어를 배울 때 정말 쉽고 빠르게 배운 것과 같았다. 그리고 많은 한국인들이 일본어가 쉽다고 이야기하는 것도 같은 맥락이다. 그러나 우리에게 쉬운 한국어, 중국어, 일본어는 서양권 사람들 입장에서는 배우기가 가장 어려운 언어들인 셈이다. 문화가 다르고 사고방식이 다른 동서양의 사람들이 서로의 언어를 배우는 것은 매우 어려운 것이다.

이런 이유로 동양인인 내가 문장을 영어로 만들었을 때 서양인들이 못 알아듣는 게 당연했다. 생각을 언어로 표출하는 방식 자체가 다르기 때문이다. 하지만 내가 만든 중국어 문장은 중국인들이 알아들었다. 내가 그들과 비슷한 문화와 사고방식을 가졌기 때문인 것이다.

핀란드 학생들이 한국어에서 가장 어려워했던 부분은 바로 어순과 조사, 그리고 단어였다. 한국어에서는 동사가 제일 뒤에 나온다. 하지만 대부분의 서양 언어들은 주어 다음 바로 동사가 나온다. 문장 앞쪽에서 동사가 나오는데, 이 부분을 너무 어려워했다. 아무리 알려 줘도 머릿속에서 인지 자체를 못 했다. 계속해서 어순에서 실수를 했고, 문장 하나 만드는 것조차 어려워했다.

'은/는/이/가'를 가르칠 때는 학생들이 아예 감조차 잡지 못했다. 그래서 결국 가르치는 것을 포기했다. 서양 언어에서는 '은/는/이/가'를 쓰는 경우가 없다. 한국어 단어도 영어와 유사한 단어가 거의 없다 보니 외우기 힘들어했다. 그 똑똑하다는 학생들이 다르게 보이기 시작했다. 결국 지능과 상관없이 동서양의 언어의 차이로 인해 서로의 언어를 학습하기 어렵다는 사실에 도달했다.

핀란드에서 느꼈던 또 다른 특이점은 핀란드인들이 영어를 정말 잘하긴 하지만 뭔가 이상한 부분이 있었다. 그중 대표적으로 핀란드 사람들은 영어를 할 때 'He'와 'She'를 구분하지 못했다. 여자를 보고 'He'라고 하는 것이었다. 내가 왜 여자를 'He'라고 하냐고 물어봤는데도 계속해서 여자를 'He'라고 지칭했다. 내 장인어른 역시 'He'와 'She'를 구분하지 못했다. 장인어른은 교육 수준도 높고 영어도 잘했지만 이상하게 'He'와 'She'는 구분을 못했다.

나중에 알고 보니 핀란드어에서는 남자와 여자를 구분하지 않고 둘 다 Hän이라고 부르는 것이었다. 이렇게 모국어에서 남녀 구분을 안 하니 아무리 영어를 공부해도 'He'와 'She'가 구분이 안 되는 것이다. 마치 핀란드 중고등학생들이 '은/는/이/가'를 이해하지 못하는 것과 같은 것이다. 즉, 모국어에 없는 것을 배우려고 할 때 가장 배우기가 어렵다는 것이다.

결론적으로 중국에서의 경험, 그리고 유럽에서의 경험이 나에게 큰 통찰을 주었다. 한국인들이 영어를 왜 어려워하는지, 어떻게 하면 영어를 잘할 수 있는지를 깨닫는 계기가 된 것이다. 문제는 바로 모국어에 없는 부분이 머리에 아예 접수가 안 된다는 것이었다. 그리고 공교롭게도 동서양의 언어는 다른 점이 많기 때문에 접수가 안 되는 부분들이 그만큼 많을 수밖에 없는 것이다.

이전까지는 그냥 영어를 많이 들으려고만 했었다. 하지만 아무리 많이 영어를 들어도 영어는 내 머릿속에 접수가 안 되었다. 특히 영어에서 한국어에는 없는 부분은 아예 접수가 안 되었다. 동서양 언어의 차이를 극복할 수 있는 방법은 딱 하나밖에 없었다. 모국어와 다른 부분을 의식적으로 훈련을 해야만 인지되기 시작하고 실력이 느는 것이다. 그렇게 내가 영어를 공부하기 시작하자 내 영어 실력이 폭발적으로 늘기 시작했다. 점점 나는 원어민처럼 영어를 하기 시작했다. 이 부분은 다음에 미드 훈련하는 부분에서 좀 더 자세하게 다루도록 하겠다.

왜 미드인가?

미드가 최고의 영어 학습인 이유

앞서 언급한 것처럼 한국 사람은 영어를 할 때 스스로 문장을 만들어서는 안 된다. 거의 100%의 확률로 잘못된 형태의 문장을 만들게 될 것이다. 그래서 한국 사람은 문장을 받아들이는 식으로 영어로 공부해야 하는데 원어민들이 쓰는 영어를 가장 많이 접할 수 있는 곳이 바로 미드이다. 기본적으로 미드가 영화보다도 대화량이 많기 때문에 미드를 더 추천한다.

우리가 영어를 잘할 수 있는 방법은 온전히 미드를 보는 것에 달렸다고 해도 과언이 아니다. 이러다 보니 그동안 많은 사람들이 미드에 관심을 가지고 있었다. 그런데 그냥 미드만 본다고 해서 되는 것은 아니고, 공부하는 방법이 따로 있다. 미드가 영어 학습에서 중요한 역할을 하기 때문에 그만큼 제대로 접근해야 한다. 박약한 의지로 미드를 정복하려고 달려들었다가는 작심삼일을 경험하기 쉽다. 장기적으로 미드를 통해서 원어민 수준의 영어를 해낼 수 있는 방법을 지금부터 제시하도록 하겠다.

영어는 수많은 사람들이 사용하는 언어이다. 그리고 영어는 이미 정해져 있는 약속이다. 이미 수많은 사람들이 이 정해진 약속대로 영어를 사용한다. 이 약속을 안 지키면 대화가 안 된다. 그래서 이 약속을 사람들은 말하기도 하고 듣기도 한다. 쓰기와 읽기도 마찬가지인데, 반드시 정해진 대로 영어를 사용해야 한다. 그렇지 않은 영어를 '깨진 영어

(Broken English)'라고 한다.

언어는 말하기와 듣기가 먼저 이루어져야 한다고 생각한다. 말도 못하고 알아듣지도 못하는 외국인에게 한국어책 읽기와 글쓰기를 시키는 건 말이 안 된다. 대부분의 한국인들은 영어로 말하고 듣는 데 많은 어려움이 있다. 그러므로 말을 잘하고 싶다면 읽기와 글쓰기를 먼저 해야 하는 것이 아니라, 말하기와 듣기를 먼저 공부해야 한다. 그래서 만약 여러분이 자유롭게 영어로 대화를 못 한다면, 다음과 같은 공부법은 피해야 한다.

- 영어 소설책 읽기
- 영어 신문 읽기
- 영어 일기 쓰기
- CNN 뉴스 듣기
- 영어 라디오 듣기

이런 종류의 공부를 열심히 하다 보면 영어를 잘하게 되겠지라고 생각하는 사람들이 의외로 많다. 이런 종류의 공부들은 이미 말을 유창하게 하는 사람들이 했을 때 도움이 된다. 또 기본적인 대화도 못 하는데, 너무 어려운 자료들로 공부하면 흥미도 잃어버리고, 실력도 늘지 않는다. CNN 뉴스는 영어에 고민이 전혀 없는 분들이 보는 것이다. 영어 라디오는 목소리 외에 정보들이 많이 제한되기 때문에 순수 영어 실력으로 이해해야 한다. 그렇기에 난이도가 높다.

전화영어도 피하는 것이 좋다. 말도 제대로 못 하는 상태에서 전화기 너머 원어민이 이야기하는 것을 듣고만 있어야 하는데, 목소리 이외에는 정보가 없기에 아무것도 못 알아들을 가능성이 높다. 전화영어는 이미 대화를 할 수 있는 사람들이 해야 실력 향상에 도움이 된다.

그나마 화상영어는 전화영어보다는 낫다. 하지만 역시 내가 말을 못하면 크게 도움이 안 된다. 최근에는 화상영어를 하시는 분들이 많아지면서 화상영어가 영어 실력 향상에 많이 도움이 될 거라고 생각할 수도 있지만 현실은 그렇지 않다. 대부분의 경우 원어민 혼자 떠드는 시간이 80% 이상 된다. 문장을 못 만드니 말도 못하고, 당연하게도 원어민은 주어진 시간을 채워야 하니 혼자 계속 떠들게 된다. 결국 여러분은 듣기만 하니까 말하기가 안 늘고, 원어민만 계속 떠드는 상황이 반복된다. 다시 한번 말하지만, 이미 영어로 대화를 잘할 수 있는 사람들이 화상영어를 했을 때 효과가 좋다.

수능을 포함한 공인 영어시험은 어떨까? 이들을 공부하면 영어 실력이 늘까? 결론부터 말하면, 문제 푸는 기술만 늘 가능성이 높다. 가장 대표적인 수능과 토익은 말할 것도 없다. 말하기, 쓰기 영역이 없는 시험은 논의할 가치가 없다. 이외 나머지 시험들도 본질적으로 여러분의 실력을 높여 주는 것이 아니라 여러분들의 실력을 간접적으로 측정하는 도구에 불과하다. 하지만 대부분의 시험은 악용되기 십상이다. 제한 시간 내 높은 점수를 받아야 하니 각종 문제 푸는 기술들과 시간 절약 기술들로 무장하는 사람들이 대부분이다. 이는 마치 키를 재러 올라가서 뒤꿈치를 드는 것과 같다.

그렇다면 문장을 외우거나 패턴 영어 책을 사서 외우는 것은 어떨까? 책을 사서 함께 제공되는 원어민 녹음 파일을 계속 들으면서 외우는 방식은 좋은 방법이 될 수 있다. 이렇게 문장을 외우면 유창하게 문장을 구사하는 데 상당히 큰 도움이 된다. 영어는 하나의 약속이라는 점을 생각해 보면, 이 약속을 외워서 지키는 것이다. 상당히 모범적이다. 하지만 이 역시 한계가 있다. 먼저 의지가 강한 사람들이 많지 않기에 꾸준하게 문장이나 패턴 영어를 외우는 것이 현실적으로 쉽지 않다. 또 맥락을 놓치는 경우가 있기에 외운 문장을 언제 사용해야 할지 몰라 실전에 적용하기가 어렵다. 게다가 무미건조하게 문장들만 가득하기 때문에 흥미를 잃어버리기가 쉽다.

원어민 녹음이 함께 제공되는 영어 동화책을 반복해서 듣는 것도 방법이 될 수 있다. 올바른 발음으로 완전히 외운다면 나쁘지 않다. 하지만 현실에서는 그 누구도 동화책의 말투로 대화하지 않는다. 즉, 실용성이 떨어진다. 그리고 아이들을 위해 쓴 책이기에 성인들에게는 재미없을 확률이 높다. 그래도 패턴 영어보다는 재미있을 수 있다. 언젠가는 실제 어른들의 대화를 보고 익혀야 하는데, 이 부분은 영어 동화책으로는 어렵다.

그러면 영어로 대화를 못하는 우리에게 마지막으로 남은 선택지는 바로 미드 또는 영화를 통해 영어 습득을 하는 것이다. 이를 적절하게 활용하면 여러분들의 영어 실력을 최대한 원어민 수준에 가깝게 혹은 원어민과 동일한 수준까지 끌어올릴 수 있다. 그럼 미드가 영어 학습에 효율적인 이유에 대해서 좀 더 알아보도록 하자.

미드 학습이 효율적인 이유

무엇보다 미드에 나오는 표현은 실용적이다. 미드에 나오는 대화들은 실제 성인들의 대화이다. 즉, 현실에서 그대로 쓸 수 있으며, 괴리감 없는 고품질 문장들이라는 것이다. 이런 문장들을 내 안에 차곡차곡 쌓아 나간다면, 원어민 수준까지 도달하는 것은 불가능한 게 아니다.

또한 미드를 통해서 정말 현실적인 발음 교정을 받을 수 있다. 교과서에 나오는 원어민들의 발음은 마치 아나운서가 방송하는 느낌이다. 하지만 미드에서는 실제 일상 속에서 편안하게 쓸 수 있는 현실 발음을 익힐 수 있기에 더욱 현실과의 괴리감 없는 영어를 배울 수 있다. 그렇기에 듣기 실력이 크게 향상되는 것은 덤이다.

또 미드는 재미가 보장된다. 우리가 흔히 아는 미드들은 미국 내에서도 크게 성공한 인증된 프로그램들이다. 한번 보면 빠져들 수밖에 없게 만들었는데, 그렇기에 그 어떤 학습 자료보다도 재미있게 볼 수 있다. 개인적으로 나도 다양한 영어 공부법을 시도했지만, 끈기가 없어서 포기했었다. 하지만 미드는 재미있게 볼 수 있었고 보다 보니 여기까지 올 수 있었다.

미드를 통해 다양한 맥락의 정보를 파악할 수도 있다. 단순하게 영어 문장을 외우면 그 문장을 쓸 수 있는 적절한 상황을 모르는 경우가 많다. 미드에서는 각 상황과 분위기, 감정선이 보이기 때문에 등장하는 많은 문장들을 언제 써야 하는지 정확하게 학습할 수가 있다. 현실과 괴리감이 없기 때문에 미드로 공부를 하면 여러분의 실력을 다양한 상황에서 자유롭게 뽐낼 수 있다.

또 미드는 영어 학습에 중요한 반복이 자유롭다. 원어민 선생님과 수업을 해도 여러분이 다시 듣고 싶은 문장을 무한 반복해서 말해 주지 않는다. 하지만 미드는 여러분이 원하는 만큼 반복해서 볼 수 있다. 문장들이 내 것이 될 때까지 반복할 수 있다는 것은 가장 큰 장점이라고 할 수 있다.

그동안 의외로 한국어 자막과 영어 자막을 동시에 제공하는 자료들을 찾기가 어려웠다. 그런데 요즘에는 넷플릭스나 디즈니처럼 자막을 지원하는 OTT 서비스가 많아서 접근성이 정말 좋다. 한국어 자막과 영어 자막을 서로 대조하면 사전을 찾지 않아도 빠르게 다양한 어휘들을 익힐 수 있다는 것이 큰 장점이다.

마지막으로 미드는 접근성이 좋다. 핸드폰에서 두세 번만 클릭해도 바로 재생할 수 있다. 잠들기 전 침대에서도 학습할 수 있다. 재미있기 때문에 한 번 더 클릭하게 되는 이 막강한 접근성은 언제 어디서든지 여러분들의 영어 학습을 가능하게 한다. 나는 개인적으로 샤워를 하면서도 틀어 놓기도 한다. 미드를 보는 재미가 푹 빠져서 언제, 어디에서든 놓을 수가 없다. 이런 높은 접근성 때문에 미드는 강력한 영어 학습 도구가 된다. 이와 같이 거의 모든 측면에서 미드 공부가 다른 방식의 공부보다 우월하다고 믿는다. 그래서 그동안 여러 학습법으로 영어 공부를 했다가 실패하신 분들에게 강력하게 미드를 추천하는 것이다.

미드 학습법에 대한 다양한 질문

미드 공부법 Q&A

미드를 통해 처음으로 영어 공부를 시작하려고 하는 분들은 굉장히 막막할 것이다. 어디서부터 시작해야 하는지도 모르고, 그냥 보기만 하면 되는 건지, 미드 공부 전에 기본기를 먼저 다져야 하는지 등 전혀 갈피를 못 잡을 수도 있다. 그래서 그동안 미드 공부법에 대해서 내가 받았던 질문들 중에서 도움이 될 만한 것들을 정리했다.

> 하나의 영상을 반복해서 보는 게 좋을까요,
> 아니면 여러 영상을 다양하게 보는 게 좋을까요?

무엇을 하든 적절하게 하는 것이 가장 좋다. 먼저 한 영상을 계속해서 반복했을 경우에는 학습 효과가 높을 수밖에 없다. 더 많이 외울 수 있고 내용에 대해서도 더 세부적으로 파악할 수 있다. 대신 아주 빠른 속도로 지루해질 수 있다. 반면 여러 개의 영상들을 반복해서 보는 경우에는 아무래도 내용 파악이 더딜 것이다. 하지만 하나를 반복했을 때보다는 더 흥미로울 것이다.

사람마다 지루함을 느끼는 시점이 다르다. 지루함을 빨리 느끼는 사람이라면 좀 더 많은 영상들을 반복하는 게 좋다. 만약 지루함을 잘 느끼지 않는다면 영상 개수를 줄이고 대신 하나의 영상에 대한 반복 시청을 늘리는 것도 좋은 방법이다. 핵심은 재미있게 할 수 있는 선에서 반복할 영상의 개수를 정해야 한다는 것이다. 재미가 가장 중요하다.

사실 가장 즐겁게 미드를 즐기는 것은 반복하지 않고 다양한 미드들을 이것저것 보는 것이다. 실제로 많은 사람들이 단순히 재미를 위해서 이렇게 미드를 보는데 이렇게 봤을 땐 영어 학습 효과를 기대하긴 어렵다. 이것저것 영어로 된 것을 많이 보다 보면 영어가 늘겠지라는 생각은 일찌감치 접기를 바란다. 전혀 효과가 없다. 미드를 통해서 영어 실력을 늘리고 싶다면 반복은 선택이 아닌 필수이다.

| **그동안 미드를 많이 봤습니다.**
| **그런데 왜 영어 실력은 제자리일까요?**

우리에게 영어는 미지의 우주와도 같다. 그래서 영어를 잘하고 싶다면 우선 영어가 무엇인지를 파악해야 된다. 잘 모르는 상태에서는 영어라는 언어가 불규칙해 보일 수 있지만 그 안에서 패턴과 질서를 찾아야 한다. 그래야 영어가 파악이 되고, 공부도 할 수 있는 것이다. 파악도 안 된 상태에서 그냥 공부만 하면 머리는 더욱 복잡해질 수밖에 없다.

내가 미드를 반복해서 보라고 강조하는 이유 중에 하나가 바로 이것이다. 하나의 미드를 반복해서 계속 보다 보면 규칙성이 보이고 패턴이 보이기 시작한다. 그러면 파악이 되기 시작하고 새로운 세계가 보이기 시작한다. 왜 사람들이 이 표현을 쓰는지, 어떤 상황에서 이 표현을 쓰는 것인지 말이다. 다양한 스토리의 영화나 드라마를 보는 것도 재미있지만, 한 드라마를 반복하면서 그 안에서 규칙성과 질서를 발견하고, 영어라는 언어를 이해하는 것이 중요하다.

> **리스닝이 약한 편입니다.**
> **잘 안 들리는데, 미드로 공부하면 효과가 있나요?**

일반적으로 잘 안 들린다는 것은 두 가지 문제가 있어서 그렇다. 하나는 영어 표현들을 모르기 때문이다. 영어는 아는 만큼 보이고, 아는 만큼 들린다. 영어 표현을 모르면 그 표현이 들려도 알 수가 없다. 그래서 미드를 반복해서 보면 자연스럽게 많은 표현들을 배우게 되는데, 그런 표현들은 학습을 통해 잘 들리게 된다.

두 번째 문제는 원어민들의 발음에 익숙하지 않기 때문이다. 이 역시 미드를 반복해서 보면 자연스럽게 해결이 된다. 미드에서 나오는 원어민들의 발음을 계속 듣다 보면 원어민의 발음이 우리말처럼 익숙해진다. 결국 리스닝이 안 된다고 하는 분들은 우선 미드를 반복해서 보는 것을 추천한다. 처음부터 안 들린다고 해서 도전조차 하지 않는다면 리스닝 문제는 해결이 불가능하다.

> **문장이 길고 어려운 경우도 많은데 무작정 외워야 하나요?**
> **무작정 외우는 건 자신이 없거든요.**

시험 때 벼락치기를 해 본 분들은 잘 알 것이다. 당장 내일이 시험이기 때문에 이해 여부를 떠나 일단 시험 범위를 무작정 외워야 한다. 물론 이런 식으로 공부를 하면 시험이 끝나고 나서는 남는 것이 없다. 이런 사실을 알고 있음에도 당장은 어쩔 수 없다. 시간이 없기 때문에 그냥 무작정 외워 버리는 것이다.

마찬가지로 무작정 문장을 외우면 암기도 잘 안 되며, 영어 실력 향상에도 전혀 도움이 되지 않는다. 그러면 어떻게 미드를 봐야 자연스럽게 기억에 남고 영어 실력이 늘까? 나는 이 부분에 대해서 지난 13년 동안 고민을 했고 정말 혁신적인 방법을 찾았다. 이에 대해선 이 책의 다음 장에서 다룰 예정이다. 내가 알려 주는 방법을 훈련을 통해서 익히면 미드를 보기만 해도 실력이 끝없이 성장하는 마법 같은 일이 일어날 것이다.

| **완전 영어 초보입니다.**
| **어느 정도 영어 실력이 있어야 미드로 공부하는 것이 효과가 있나요?**

미드는 보는 사람의 실력과 상관없이 모두에게 효과가 있다. 아무것도 모르는 초보자도 효과가 있고, 영어를 어느 정도 하는 사람도 효과가 있고, 영어를 정말 잘하는 사람도 효과가 있다. 같은 미드를 봐도 본인의 실력만큼 영어를 흡수하기 때문이다.

먼저 영어 실력이 어느 정도 있는 사람들한테 효과가 있고, 초보자에게는 효과가 없다는 말을 생각해 보자. 우리나라에는 영어로 말을 잘하는 사람들이 많지가 않다. 정말 가슴에 손을 얹고 영어 말하기를 정확하게 잘한다고 말할 수 있는 사람은 그렇게 많지 않다는 것이다. 구조상 한국인이 영어 회화를 잘하기란 정말 어렵다. 모국어와 영어의 유사성도 거의 없고, 학창시절 내내 준비하는 수능 시험도 영어 회화를 위한 시험이 아니다.

즉, 대부분의 사람들의 영어 말하기 실력은 형편없는 경우가 대부분이다. 토익을 만점을 받든, 수능 영어를 만점을 받든, 시험 성적과 영어 말하기 실력은 크게 상관이 없다. 왜냐하면 여러분이 생각하는 실력이 있는 사람들은 단어를 많이 아는 정도이고, 문법도 문제 풀 정도만 아는 정도이다.

또 한국 영어 교육 과정에서 배우는 복잡한 문법을 잘 안다고 해도, 그 복잡한 수많은 문법을 순식간에 생각을 해서 올바른 문장으로 적용시켜서 쓰는 것은 거의 불가능에 가깝다. 이는 대부분의 한국 사람들이 영어를 말하는 모습을 보면 알 수 있다. 대부분 영어로 말하는 데 오랜 시간이 걸린다. 그래서 여러분들이 생각했을 때 영어를 잘하는 사람들의 실제 실력은 여러분들과 크게 다르지 않다는 것이다. 그래서 어느 정도 실력이 있는 사람들이 미드를 봐야 효과적이란 말은 크게 설득력이 없다.

그들도 어차피 영어를 했을 때 문법적으로 말도 안 되는 문장들을 구사할 것이고, 버벅거리는 것은 마찬가지일 것이며, 영어로 대화를 나누는 것에 부담을 느끼는 것은 왕초보와 다를 바가 없다. 이처럼 영어 실력에 따른 영어 말하기 능력은 전반적으로 비슷하기 때문에 이런 부분에 대해서 전혀 걱정하지 않아도 된다.

영어 실력에 자신이 없어도 일단 미드를 본다고 생각을 해 보자. 앞서 말했지만, 먼저 재미를 느끼고 사랑에 빠지는 것이 가장 중요하다. 특히 초보자일수록 그렇다. 내가 말한 핵심 미드들 중에 여러분들이 마음에 드는 미드를 골라서 한국어 자막을 틀어 놓고 그냥 재미있게 보면서 사랑을 조금씩 키워 나가면 된다.

그렇게 미드를 보다 보면 사랑하는 마음이 커질 것이고, 다시 보고 싶게 될 것이다. 그렇게 해서 다시 보게 되면 단어 하나하나가 나도 모르게 내 안에 들어오는 것을 경험하게 될 것이다. 이때 들어온 표현들과 단어들이 진짜이다. 단편적으로 무작정 한국어 뜻을 외운 것이 아니라 실제 상황에서 주인공들의 감정선과 분위기에 맞춰 그 모든 배경 정보를 알고 단어를 외웠기 때문에 해당 단어와 표현을 언제 어떻게 써야 하는지를 정확하게 인지하게 된다.

이렇게 반복해서 보고 또 한국어 자막과 영어 자막을 교차해서 보게 되면 나도 모르게 표현들이 하나씩 내면에 쌓이게 된다. 그렇게 되면 정말 아무것도 모르는 왕초보라고 해도 어떤 상황에서 어떤 말을 해야 되는지 알게 되고, 실제로 활용 가능한 표현들의 수가 점차 늘어나기 시작한다.

가장 중요하게 생각해야 하는 것은 앞서 말했지만 재미있게 보면서 사랑에 빠지는 것이다. 미드와 사랑에 빠져야 꾸준하게 본다. 이렇게만 한다면 저절로 영어 실력이 상승한다. 공부하려고 달려들지 말고 재미를 키워 나가면서 핵심 미드들을 인생 미드로 바꿔 보기를 바란다.

> **문법에 대해서 기초가 부족합니다.**
> **문법을 모르는 상태에서 해도 괜찮나요?**

영어 문법을 잘 안다고 해서 미드를 보면 쉽게 영어를 배울 수 있을까? 절대 그렇지 않다. 대부분 시험 문제 풀이용으로 문법을 배운 것뿐이다. 그래서 문법을 잘 배웠다면 문장에서 문법적으로 틀린 부분을 찾는 능력은 뛰어나겠지만 문장 자체를 바로바로 만드는 능력은 부족할 수도 있다.

마치 축구를 보는 관객들이 선수들을 평가할 수는 있지만, 선수들처럼 경기를 하지는 못하는 것과 비슷하다. 문법 실력과 영어 문장 만들기 실력은 전혀 다른 영역이다. 미드에서 나오는 것들은 문장들이다. 그리고 이 문장들을 여러분들은 스스로 만들 수 있어야 된다. 그래야 여러분들이 자유자재로 영어로 대화를 할 수 있다.

그런데 문장에서 무엇이 틀렸는지를 확인하는 문법만 배웠다면 문법 실력이 좋든 나쁘든 상관없이 문장을 전혀 만들 수 없다. 따라서 문법을 모르는 상태에서 미드를 통해 공부한다고 해서 불리한 점은 없다. 그동안 경험상 문법에 대해서 잘 안다고 해도 결국 다를 바가 없기 때문이다.

그렇다고 문법을 무조건 무시할 수는 없다. 다음 장에는 문법 때문에 고민이 많으신 분들을 위해 아주 쉽게 기초 문법에 대해서 다시 확인할 수 있도록 정리를 했다. 이것만 제대로 해도 앞으로 문법 걱정은 영원히 끝낼 수 있다.

> **미드를 보면 어려운 단어가 많이 나와요.**
> **단어도 같이 외우면서 미드를 봐야 하나요?**

내가 단어를 모르는 상태에서 그냥 미드만 본다고 해서 도움이 될까? 처음 미드를 접하는 분들이라면 막막하기 때문에 이런 생각이 들 수 있다. 그동안 우리는 영어 단어를 외워야 할 대상으로 생각했기에 단어를 잘 모르는 상태에서는 답답할 수도 있다. 그런데 여러분이 생각하는 단어를 많이 알고 있는 사람들을 떠올려 보자. 과연 이 사람들은 미드를 볼 때 모든 대사가 잘 이해가 되고 결과적으로 자연스럽게 영어를 말할 수 있을까? 절대 그렇지 않다.

단어를 많이 안다고 해서 문장 자체에 대한 이해도가 높은 것은 아니다. 모든 단어를 알고 있다고 해도 문장 하나도 못 만들 수 있다. 단어를 알면 문장을 이해할 수 있다는 것은 마치 피아노 건반 88개를 다 알면 어떤 곡이든 연주할 수 있다는 것과 같은 말이다. 말이 안 된다.

그리고 단어를 많이 외웠다고 하는 사람들을 보면 단어들을 한국어 의미로 단편적으로 외워서 언제 어떻게 쓰는지를 모르는 경우가 태반이다. 그래서 단어 자체를 외우는 것보다 적은 수의 단어라도 이것이 어떤 장면, 분위기, 상황에서 쓰이는 건지 아는 것이 중요하다. 장면 속에서 익힌 단어들이 진짜이다. 그래서 미드를 보면서 그중에 스쳐 지나가는 단어들을 하나씩이라도 익혀 나가는 것이 중요하다. 결론적으로 단어를 몰라도 미드를 일단 보는 것이 중요하다. 내 기준에서 미드를 보기 전에 단어를 외우는 것은 그저 시간 낭비였다.

> 항상 단어에서 문제가 생기는데요.
> 단어를 같이 외워야 빠르게 느나요?

미드를 보며 단어를 같이 외우면 당장은 학습 효과가 나타나는 것처럼 보일 수 있다. 하지만 곧 포기하게 될 확률이 높다. 앞서 말했지만 스스로를 귀찮게 하는 행위는 절대 하면 안 된다. 단어장을 만들어서 단어를 적고, 적은 걸 보고 다니면서 외우고 하면 다음에 미드를 볼 때 부담감을 가지게 된다. 그래서 점차 하기가 싫어지고, 미루게 되고, 결국에는 포기하게 된다.

그래서 단어를 따로 정리를 하거나 단어를 외우는 식으로 미드의 재미를 반감시키는 행위를 하면 안 된다. 단어 외우기를 좋아하는 사람은 아무도 없다.

누가 단어 외우기를 좋아하는가? 의무감에 단어를 외우는 것이고 부담만 커진다. 또 앞서 말했지만, 단편적인 의미를 외우는 것은 크게 도움이 되지 않는다. 대신 미드를 즐겁게 보면서 주인공들의 상황에 공감하고 그들의 시점과 관점에서 미드를 정확하게, 재미있게 보는 것이 훨씬 더 장기적인 학습에 도움이 된다.

> 그동안 미드 영어 공부법에 대한 얘기를 많이 들었습니다.
> 미드만 본다고 영어가 늘까요?

미드를 열심히 보다 보면 이런 생각이 들 수 있다. 미드 표현만 앵무새처럼 따라 하면 결국 미드에서 나온 표현만 할 수 있게 되는 거 아닌가? 그렇다면 미드에 안 나오는 영어 표현도 잘할 수 있을까? 여러분이 원하는 것은 외국인들을 만났을 때 막힘없이 자유자재로 이런저런 이야기를 편안하게 하는 것이다. 대부분 사람들이 이런 일상 대화를 하는 것을 쉽게 생각한다. 하지만 사실 일상에 대한 이런저런 이야기를 편안하게 하는 것 자체가 어렵다.

어떤 주제가 나오더라도 적절한 단어들로 문장을 자연스럽게 만들 수 있어야 한다. 그에 대한 대비가 되어 있으려면 이미 말하고 듣는 데 전혀 문제가 없어야 한다. 그리고 그에 대한 답변으로 상대방이 하는 말도 다 알아듣고 맞장구치면서 다음 말을 또 준비해서 대화해야 한다. 별거 아닌 것 같지만 이 자체가 굉장히 수준 높은 대화인 것이다. 자연스럽게 일상생활 회화를 한다는 것은 쉽지 않은 일이다.

미드에서는 정말 다양한 형태의 상황과 분위기가 연출이 된다. 그래서 한 미드의 전 시즌을 통틀어 봤을 때 보통 100개의 에피소드가 넘고, 한 에피소드당 길이는 20분에 달한다. 이렇게 다양한 상황과 분위기에 담긴 다양한 표현과 단어들을 익혔다면 이것들만으로도 대부분의 대화를 해결할 수가 있을 정도이다.

대부분의 사람들은 경제, 정치, 역사 등에서 사용하는 영어가 따로 있다고 생각한다. 하지만 이는 사실이 아니다. 단어는 다를 수 있지만 단어를 담는 문장틀은 동일하다. 미드를 통해서 문장틀을 익히면 어떤 분야에서도 영어로 다룰 수 있는 기반이 마련된다. 특히 전문 분야의 단어들은 원어민이라고 해서 다 아는 게 아니다. 그래서 본인이 관심 있는 분야의 단어는 좀 더 신경 써서 찾아보고 외우면 된다. 생각보다 그 양이 많지 않다. 문제는 그 단어들을 담을 문장틀이다. 이는 미드를 통해 길러야 한다.

하지만 일상 대화를 완벽하게 다 커버하기란 불가능하다. 사람마다 관심사도 다르고 대화 분야가 다를 수 있다. 그래서 모든 분야의 영어를 다 정복하겠다는 생각은 가급적 버려야 한다. 대신 내가 현재 상황에서 쓸 수 있는 표현 중에서 오늘 하나라도 더 학습한다는 생각으로 접근한다면 어느새 셀 수 없을 정도로 많은 표현이 내 안에 들어와 있음을 깨닫게 된다.

영어 전체를 편안하게 할 수 있는 것은 정말 쉽지 않은 일이다. 나는 그동안 미드 공부를 하면서, 미드에 나온 표현만 쓰고 있는 나 자신을 발견했다. 그래서 나는 미드에는 나오지 않는 새로운 영어 문장까지도 말하기 위해서 동사 활용 연습법이라는 것을 고안해 냈다. 나 자신에게 접목했을 때 정말 놀라운 효과가 있었고, 학생들에게 접목을 했을 때도 놀라운 효과가 있었다.

앞서 소개를 했지만, 이 동사 활용 연습법을 사용해서 미드를 본다면 미드에서 나온 표현을 활용해서 나만의 문장을 만들 수 있다. 미드에서 배운 표현 하나당 100가지 다른 표현으로 만들 수 있는 능력이 생기는 것이다. 그렇다면 미드 전체를 다 봤을 때 미드에서 나온 문장의 100배에 해당하는 학습량을 습득하는 것이 되기에 학습의 초가속화가 일어난다. 그래서 미드 학습의 한계점을 극복하는 데 있어서 동사 활용 연습은 매우 중요하기에 꼭 한 번 활용해 보기 바란다.

| 미드를 보기만 하면 남는 게 없는 거 같아요.
| 받아 적어야 하나요?

미드를 보다 보면 표현들이나 단어들을 다 놓치고 있다는 생각이 많이 든다. 그도 그럴 것이 수많은 단어와 문장들이 엄청나게 빠른 속도로 순식간에 지나가기 때문이다. 더군다나 재미있게 보는 것에 초점을 맞추면 조금씩 불안해질 수도 있다. 대부분의 경우 미드를 보고 나서 단어 하나 생각 안 나는 경우가 태반이기 때문이다.

이렇게 몇 번 반복하다 보면 공부하는 것 같은 느낌도 안 들고 이대로는 안 되겠다는 생각이 든다. 그래서 많은 사람들이 하는 것 중의 하나가 바로 미드를 보다가 쓸 만한 표현들이나 좋은 표현들이 나오면 공책에다가 적어 놓는 것이다. 이렇게 쓸 만한 표현들을 하나씩 적어서 모아 놓으면 나중에 요긴하게 쓸 수 있을 것이라고 생각하는 것이다.

이렇게 적으면 좋은 점 중에 하나가 바로 기분이 좋아진다는 것이다. 진짜 뿌듯하다. 뭔가를 열심히 하고 있는 것 같고, 실제로 내 눈앞에 결과물이 남기 때문이다. 미드를 그냥 보느라 불안한 내 마음을 어느 정도 달래 줄 수 있는 최고의 방법이다.

하지만 영어를 공부하는 데 장애물을 제거하는 것은 정말 중요하다. 유용한 표현이 나오면 적는다고 생각하는 순간, 그때마다 미드를 멈춰야 하고, 노트를 가져와서 펜으로 적어야 한다. 이렇게 되면 미드를 가볍게 볼 수가 없다. 볼 때마다 유용한 표현을 받아 적을 준비를 하고 긴장된 상태에서 봐야 하는 것이다. 이러면 절대 재미있게 볼 수 없다.

좀 더 현실적인 이야기를 하자면, 유용한 표현을 정리하다 보면, 생각보다 그런 표현들이 정말 많다는 것을 알게 될 것이다. 100개가 넘어가는 순간부터 이 공책을 다시 복습하는 것도 힘든 일이 된다. 미드를 계속해서 봐야 하는데, 이제는 노트를 한 번 복습하는 데도 1시간이 걸리는 것이다. 이렇게 되면 미드를 볼 시간이 없어진다.

방금 이야기는 성실하게 표현을 정리한 소수의 사람들 이야기이고, 대부분의 사람들은 정리를 하다가 포기하거나, 정리를 해도 다시는 그 노트를 보지 않는다. 즉, 단순히 불안함을 달래기 위해서 노트에 적는 행위는 전혀 도움이 되지 않는다. 또 노트에 정리할 때 생각보다 많은 시간이 소요된다. 차라리 그 시간에 미드를 한 번 더 반복해서 보는 것이 모든 측면에서 도움이 된다.

중요한 것은 여러분 머릿속에 유용한 표현을 집어넣는 것이다. 유용한 표현을 노트에 집어넣으면 다시 노트에서 여러분 머리로 집어넣어야 한다. 한 단계가 더 추가되기 때문에 오히려 이는 더 비효율적이다.

미드가 너무 어려워서 자막만 보게 돼요.
이렇게 해도 되나요?

그 마음 너무 이해한다. 열심히 하고 있지만 뭔가 제대로 하고 있는지 확신이 없을 때는 항상 괴로운 법이다. 여러분이 기억해야 하는 것은 뭐든지 순서가 있는 법이다. 처음에 어려운 것은 당연하며, 자막에 의지할 수밖에 없다. 이는 전혀 문제가 안 되니, 자막을 열심히 봐도 된다. 그렇게 두세 번 반복해서 보면 사실상 자막도 거의 다 외우게 된다. 그러면 그때부터는 자막을 안 봐도 된다.

반복하면 할수록 점점 더 미드에 나오는 영어를 깊이 있게 이해하게 되고 흡수하게 된다. 반복만 한다면 사실 어떤 방식으로 미드 공부를 하든 크게 상관이 없을 정도이다. 다음 장에 미드 10번 반복 학습법을 소개하는데, 많은 도움이 될 것이다.

쉐도잉에 대해서 궁금합니다.
어떻게 해야 효과가 있을까요?

쉐도잉에 대해서는 이 책에서도 자세하게 설명하게 될 것이다. 많은 사람들이 쉐도잉이 효과가 좋다고 하고 특히 미드를 이야기할 때는 빠질 수 없는 것이 쉐도잉이다. 쉐도잉이란 그림자처럼 미드에서 나오는 대사들을 그대로 따라 하는 것을 말한다. 나중에 실력이 좋아지면 드라마를 틀어 놓고 동시에 쉐도잉을 진행할 수 있을 정도가 된다. 그대로 대사들을 따라 하기 때문에 그 대사들을 외울 확률도 올라가고 동시에 원어민을 그대로 따라 하니 발음 교정 효과도 상당히 좋다.

하지만 쉐도잉은 장점이 많긴 하지만 그 자체가 완전한 학습법이라고 할 수는 없다. 나머지 영어의 부분들도 뒷받침이 되어 있는 상태에서 쉐도잉을 했을 때 폭발적인 성과가 나는 것이지, 기초도 잡히지 않은 상태에서 쉐도잉을 했다가는 앵무새가 되기 마련이다. 자신이 무슨 말을 하는지도 모르고 그 문장은 어떻게 만들어지는지도 모른 채 그냥 앵무새처럼 따라 하는 것이다. 그래서 쉐도잉은 먼저 기본기를 갖추고 난 이후에 해도 절대 늦지 않는다. 쉐도잉을 어떻게 구체적으로 해야 되는지에 대해서는 다음 장에서 자세히 다루도록 하겠다.

미드는 어디서 보는 걸까?

미드 보기 쉬운 세상
예전과 달리 이제는 미드 시청이 어렵지 않다. 미드를 보기 위해서는 먼저 OTT 서비스에 가입을 해야 한다. 요즘에는 많은 종류의 OTT 서비스들이 있는데, 그중에서 영어권 미드와 영화를 보기에 가장 좋은 서비스 2가지를 소개하려고 한다.

넷플릭스
넷플릭스는 이제 누구나 아는 1등 OTT 서비스이다. 수많은 미드와 영화들이 있고, 자체 제작한 훌륭한 콘텐츠도 많다. 새로운 콘텐츠를 많이 접하고 싶다면 단연 넷플릭스를 추천한다. 넷플릭스는 가격 정책이 다양한데 대부분 합리적인 가격대이므로 본인의 성향에 맞게 선택해서 고르면 된다.

디즈니 플러스
디즈니에서 만든 OTT 서비스이다. 다른 곳에서는 볼 수 없는 디즈니 영화들과 마블 작품까지 볼 수 있다. 그리고 〈완다비전〉, 〈팔콘 앤 윈터 솔져〉, 〈로키〉, 〈호크아이〉, 〈왓이프〉와 같은 다양한 마블 오리지널 드라마도 감상할 수 있다. 오리지널 시리즈 외에도 MCU와 같은 세계관을 공유하는 스핀오프 드라마 시리즈 〈에이전트 오브 쉴드〉, 〈에이전트 카터〉, 〈인휴먼즈〉, 〈런어웨이즈〉, 〈클록대거〉, 〈모독〉, 〈히트 멍키〉 등의 작품도 볼 수 있다.

또 어린 자녀가 있는 집이라면 강력 추천한다. 픽사, 디즈니 영화들도 볼 수 있고 다큐멘터리를 좋아하시는 분들이라면 내셔널지오그래픽(National Geographic)도 감상할 수 있다.

또 디즈니 플러스에서는 내가 300번 반복해서 본 전설적인 미드인 〈How I met your mother〉을 시청할 수 있다. 그리고 영어 학습에 정말 도움이 많이 되는 대표 미드 중 하나인 〈Modern Family〉를 감상할 수 있다. 그런데 이런 미드들은 계약 기간이 끝나면 서비스가 종료될 수 있으므로 언제나 시청 가능한 것은 아니기에 각각 확인이 필요하다.

이렇게 넷플릭스와 디즈니 플러스가 미드를 보기에 가장 좋은 플랫폼이라고 할 수 있다. 두 개를 합쳐도 월 2만 원 정도의 금액으로 이용이 가능하다. 이 정도 금액으로 양질의 영어 콘텐츠를 무제한 활용할 수 있다면, 투자할 만한 가치가 있다고 생각한다.

피클플러스

추가로 '피클플러스'라는 공동 구독 플랫폼도 고려해 볼 수 있다. 쉽게 말해 넷플릭스 계정 공유 서비스라고 할 수 있는데, 넷플릭스를 여러 사람이 함께 구독해 비용을 절감할 수 있도록 도와주는 서비스이다. 넷플릭스뿐만 아니라 디즈니 플러스, 티빙, 웨이브, 왓챠 등 다른 OTT 서비스도 계정 공유 서비스를 제공한다. 번거로운 게 싫은 분들은 한번 알아볼 만하다.

처음 영어 공부하기 좋은 미드 작품

미드에는 정말 셀 수 없이 많은 작품들이 있다. 그러다 보니 많은 분들이 무엇을 봐야 할지 몰라 어려움을 겪기도 한다. 수많은 미드 속에서 영어 공부에 도움이 되는 미드를 골라야 하는데, 이게 생각만큼 쉽지 않을 수도 있다. 또 미드를 하나하나 조사하자니 엄두가 안 날 것이다. 그래서 초급자 수준에서도 쉽게 접할 수 있는, 영어 공부에 도움이 될 만한 미드를 선정해 봤다. 그리고 앞으로 어떻게 이 미드를 활용해야 하는지도 알려주도록 하겠다.

네이버에 미드 추천과 관련된 질문은 정말 압도적으로 많았다. 그래서 이 부분에 대해서 많이 고민해 봤는데, 미드 중에서도 정말 영어 공부하기 좋은 미드인 〈핵심 미드〉를 소개하려고 한다. 그 외의 미드들은 재미있게 한 번 보면 좋을 만한 미드들이다. 그럼 먼저 〈핵심 미드〉를 보도록 하자.

핵심 미드는 여러분이 여러 번 반복해서 봐야 하는 미드이다. 정말 100번 이상 볼 수 있다면, 여러분의 영어 수준을 영원히 바꿔 버릴 것이다. 여러분의 영어 실력은 이 핵심 미드에 달려 있다고 해도 과언이 아니다. 이 핵심 미드들은 특징이 있다. 바로 시트콤(Situation Comedy)이라는 것인데, 사람들을 웃게 만들려고 작정하고 만든 미드들이다. 시트콤을 핵심 미드로 선정한 것은 시트콤은 아무리 반복해서 봐도 질리지 않기 때문이다.

미드를 통한 영어 학습의 성공은 반복에 달려 있다. 반복하지 않으면 절대로 성공할 수 없다. 여기서 핵심이 되는 것은 반복할 때 절대 질리면 안 된다는 것이다. 질리고 재미가 없는 것은 반복하기가 힘들다. 이 책 전반에 걸쳐서 이야기했지만, 우리 자신을 힘들게 하면 반드시 실패한다. 그래서 핵심 미드를 고를 때 중요한 것은, 결말을 알아도 재미있게 볼 수 있냐는 것이다.

사람들이 실수하는 것 중의 하나가 스릴러, 의학 드라마, 법정 드라마와 같이 내용의 전개가 흥미로운 작품을 고르는 경우가 있는데 이런 작품은 개인적으로 추천하지 않는다. 흥미로운 것과 재미를 느끼는 것은 다르기 때문이다. 스릴러가 흥미진진할 수는 있지만, 한 번 보고 나면 결말을 알기 때문에 다시 볼 때 재미가 없다. 하지만 코미디는 결말을 알아도 여전히 웃으며 보게 된다. 이게 핵심이다. 이런 시트콤 형식의 드라마는 제작 의도 자체가 사람들에게 웃음을 주는 것이기에 반복해서 봐도 질리지 않는다.

그런데 이런 시트콤 형식의 미드는 미국의 문화와 미국식 유머가 다수 포함되어 있기 때문에 한국인의 입맛에 안 맞을 수 있다. 그래서 이런 시트콤 중에서도 그동안 한국인들에게 많은 사랑을 받은 미드들을 골랐다. 덧붙이자면, 이 미드들은 미국에서도 대성공을 거둔 역대 히트작들이다. 치열한 미국 방송계에서는 시청률이 안 나오면 곧바로 제작을 중단하는데 그런 환경에서도 수년 동안 계속해서 방송을 이어 왔다는 것은 정말 많은 사람들로부터 호응을 얻었다는 반증이다.

마지막으로, 영어 공부하는 데 좋은 미드를 원하는 분들이 많다. 이 말을 잘 정리해 보면, 법률이나 의학처럼 너무 특수하거나 어려운 미드보다는 쉽고 일상생활에서 쓰는 영어 표현을 많이 배울 수 있는 미드를 원하는 것이다. 내가 소개할 핵심 미드들은 모두 일상생활 영어를 많이 배울 수 있고 또 비교적 쉽게 영어를 배울 수 있다. 그럼 이 역대급 미드들을 소개하겠다.

처음 영어 공부하기 좋은 미드 추천

Friends : 프렌즈

1994-2004

`시즌 10개` `시트콤` `편당 20분`
`난이도 ★★☆`

뉴욕 맨해튼의 6명의 멋진 젊은이들의 우정과 사랑을 다룬 시트콤이다. 프렌즈는 미국과 유럽뿐 아니라 중국, 인도, 중동 등 전 세계적으로 히트를 친 초대박 드라마이다. 90년대 미국의 아이콘이라고 할 정도이고, 전 세계적인 흥행에 성공한 이유는 애초 제작 당시 미국인이 아니어도 웃을 수 있게끔 제작했기 때문이다. 그래서 미국 문화에 대해 잘 몰라도 즐겁게 감상할 수 있다.

워낙 명작이라 종영 이후에도 계속해서 사랑받고 있는데, 전례를 찾아보기 힘들 정도이다. 또 영어 학습에도 도움이 되는 미드로 알려져 있는데, 케플란 국제 영어 대학의 여론조사에 따르면, 학생들의 26%가 이 드라마가 영어 실력 향상에 도움이 되었다고 했다.

나는 개인적으로 <How I met your mother>를 더 좋아하기 때문에 인정하고 싶지는 않지만, 프렌즈는 전설적이다. 그리고 한국인들이 가장 사랑하는 미드인 점도 상당히 매력적이다. 미드가 입맛에 안 맞아서 고민인 분들도 프렌즈만큼은 부담 없이 즐겁게 볼 수 있다.

How I met your mother : 내가 그녀를 만났을 때

2005-2014

| 시즌 9개 | 시트콤 | 편당 20분 |

| 난이도 ★★☆ |

프렌즈 다음으로 방영된 시트콤이다. 뉴욕 맨해튼의 5명의 젊은 남녀 주인공의 우정과 사랑을 보여주는 드라마이다. 주인공 테드 모스비가 아들과 딸에게 어떻게 엄마를 만나게 되었는지를 이야기한다는 설정이다. 설정상 미래인 2030년에 과거를 회상하면서 옛날 이야기를 한다.

아이러니하게도 주인공 테드의 친구 바니가 사실상 드라마의 주인공이다. 실제로 미국 설문조사에서 90% 이상의 사람들이 바니 때문에 이 드라마를 본다고 했을 정도이다. 바니는 여러 가지 면에서 매력적인 캐릭터이다. 그는 바람둥이이면서도, 순정남의 모습을 가진 인물이다. 항상 정장을 입고 다니며, 정장을 너무 좋아해서 방 한 칸이 다 정장이다. 자신만의 삶의 철학이 뚜렷한 바니와 친구들이 보여 주는 조합도 재미 요소이다.

이런 바니를 안정시켜 주는 것이 마셜과 릴리 커플이다. 마치 엄마 아빠가 있어야 아이들이 안정되는 것처럼, 두 사람은 다른 세 친구에게 정신적인 지주이면서 동시에 세 친구가 바라는 이상적인 결혼생활을 하고 있다. 이 두 사람도 각자의 매력적인 색깔이 있어서 큰 재미를 준다.

The office : 오피스

2005-2013

시즌 9개 　 시트콤 　 편당 20분

난이도 ★★★

펜실베이니아 스크랜턴에 있는 회사 이야기다. 미국의 회사 생활을 잘 보여주고 있어서 공감이 되는 부분들도 있지만, 문화적인 차이도 재미 포인트이다. 출연하는 직원들 하나하나가 독특한 매력이 있어서 드라마 전체가 다채롭다.

지점장인 마이클은 일반적인 보스답지 않게 무게가 전혀 없다. 항상 선을 넘은 말과 행동을 하지만 밉지 않은 이유는 직원들을 끔찍하게 사랑하기 때문이다. 이러한 마이클을 맹목적으로 따르는 드와이트는 이 드라마의 정수를 보여준다고 할 수 있다. 감투를 좋아하고 철저한 원칙주의자이지만 살짝 모자란 모습들을 많이 보여주는 것이 매력 포인트이다.

이 드라마에서 러브라인도 재미있는 요소인데, 주인공 짐과 팸 커플이다. 친구 사이에서 점점 가까워지는 이들이지만, 팸은 약혼을 한 여자기 때문에 더 다가갈 수 없기에 생기는 갈등들이 있다. 이들 외에도 많은 러브라인들이 있으니, 로맨스를 좋아하시는 분들에게도 즐겁게 볼 수 있는 드라마가 될 것이다.

The Bigbang Theory : 빅뱅이론

2007-2019

시즌 12개   시트콤   편당 20분

난이도 ★★★

캘리포니아 패서디나를 배경으로 MIT와 버금가는 캘텍(캘리포니아 공과대학교)에 근무하는 석/박사들의 이야기이다. 주인공들이 공부 쪽으로는 뛰어나지만 삶의 다른 분야에서는 고전을 면치 못하는 부분이 재미 포인트이다. 주인공들 자체가 고학력자들에다가 상당한 지능의 소유자이기 때문에 대화 자체가 수준이 높아 상당히 어렵다. 지금까지 추천한 미드 중에서도 가장 어려운 편이다. 그럼에도 불구하고 배꼽을 잡고 웃는 자신의 모습을 발견하게 될 것이다.

이 드라마의 정수는 쉘던인데, 엄청난 지능의 소유자이지만, 너무 부족한 부분이 많은 사람이다. 그래서 극중 다른 주인공들이 많이 보살펴 주는데, 이 조합이 보여주는 재미가 상당하다. 특히 쉘던의 대사량은 어마어마한데, 그 긴 대사를 정말 잘 살린다. 이를 쉐도잉할 때 느끼겠지만, 정말 장난 아니다. 개인적으로도 정말 재미있게 본 드라마지만, 초급자분들에게는 추천하지 않고 싶다. 그만큼 상당히 내용이 어렵고 영어가 빠르다. 핵심은 반복해서 볼 수 있는지이다. 반복해서 보는 것만큼 좋은 것은 없다.

Modern Family :
모던 패밀리

2009-2020

시즌 11개   시트콤   편당 20분

난이도 ★★☆

LA를 배경으로 현대적인 세 가족의 일상을 다룬 이야기이다. 다른 드라마처럼 자극적인 소재로 웃기려고 하기보다는 훈훈한 분위기로 재미를 주는 게 포인트이다. 제목에 걸맞게 굉장히 '현대적인' 가족들이 등장하는데, 3가족 다 친척 관계이다.

프리쳇 가족은 60대 이혼남 제이와 콜롬비아 출신 35살 여성 글로리아 커플이다. 나이 차이가 많이 나는 커플이다 보니 전형적인 가족의 모습은 아니지만, 진심으로 서로를 사랑하는 커플이다. 콜롬비아 출신 글로리아의 터프하고 파워풀한 성격이 재미 요소 중 하나이다.

프리쳇 터커 가족은 미첼과 캠 커플과 그들이 입양한 베트남 아기 릴리이다. 미첼과 캠은 동성애 커플이다. 아무래도 예민한 주제다 보니 제작진들도 조심스럽게 이 두 커플을 보여준다. 제작진은 이민자도, 동성애자도 가족이라는 메시지를 유쾌하게 전달한다.

Emily in Paris : 에밀리, 파리에 가다

2020-2024

| 시즌 4개 | 로맨스 | 편당 30분 |

난이도 ★★☆

미국 시카고에 살며 마케팅 회사 직원으로 근무하던 에밀리는 예상치 못한 발령을 받아 파리로 파견을 가게 된다. 낯선 파리에서의 생활은 매일이 도전이다. 동료들과의 문화적 충돌, 언어 장벽, 그리고 새로운 업무 방식은 그녀를 계속해서 시험에 들게 만든다. 그러나 에밀리는 특유의 긍정적인 성격으로 조금씩 자신만의 자리를 잡아가며, 파리에서의 생활에 적응해 나간다.

그 과정에서 에밀리는 좋은 친구들을 사귀고, 매력적인 이웃 가브리엘과의 미묘한 로맨스를 겪으며 삶의 균형을 찾아간다. 하지만 사랑과 우정 사이에서의 갈등, 그리고 커리어를 둘러싼 치열한 경쟁은 그녀를 끊임없이 힘들게 한다. 파리의 화려하고 낭만적인 풍경 속에서 에밀리는 자신의 한계를 뛰어넘어 성장하고, 진정 자신이 원하는 것이 무엇인지 조금씩 깨닫게 된다.

파리라는 낯선 문화 속에서 펼쳐지는 유쾌한 에피소드와 설레는 로맨스, 그리고 자기 발견의 여정을 담은 작품이다.

Gilmore Girls :
길모어 걸스

2000-2007

| 시즌 7개 | 드라마 | 편당 40분 |

| 난이도 ★★☆ |

미국의 작은 마을 스타즈 할로우를 배경으로, 싱글맘 로렐라이와 그녀의 딸 로리의 특별한 모녀 관계를 중심으로 이야기가 전개된다.
로렐라이는 16세에 딸을 낳고 카페 매니저로 일하며 삶을 꾸려 간다. 그녀는 자유분방하면서도 유머러스하고, 딸과는 친구 같은 관계를 유지한다. 반면 로리는 모범적이고 성실한 학생으로, 하버드 진학을 꿈꾸며 열심히 공부한다.
하지만 로리가 명문 사립학교 칠튼에 입학하게 되면서 학비 문제로 로렐라이는 오랫동안 관계가 소원했던 부모님에게 도움을 청해야 한다. 그 대가로 매주 금요일 저녁 가족 식사에 참석해야 하면서, 오랫동안 묻혀 있던 세대 간의 갈등과 가치관 차이가 드러난다. 이야기는 로렐라이와 부모의 갈등, 로리의 학교 생활과 첫사랑 등을 유머와 감동으로 풀어낸다.
빠른 대사와 개성 넘치는 마을 주민들로 유명하다. 단순한 성장 드라마를 넘어 가족, 우정, 사랑, 독립이라는 주제를 아기자기하고 따뜻하게 그려내며, 세대를 아우르는 공감과 매력을 선사한다.

Kim's Convenience :
김씨네 편의점

2016-2021

| 시즌 5개 | 시트콤 | 편당 20분 |

난이도 ★★☆

캐나다 토론토를 배경으로, 한국계 이민자 가족이 운영하는 작은 편의점을 중심으로 펼쳐지는 코미디 드라마다. 주인공은 편의점을 운영하는 아버지 김씨이다. 전통적인 가치관을 고수하며 살아가지만, 캐나다에서 성장한 자녀들과는 종종 세대적 차이로 갈등을 겪는다.

딸 자넷은 사진을 전공하며 독립적인 삶을 추구하는 대학생으로, 부모님의 간섭과 기대에서 벗어나고 싶어 한다. 아들 정은 과거 부모와의 갈등으로 집을 떠났지만, 여전히 가족에 대한 애정과 책임감을 가지고 있다. 드라마는 이들 가족이 일상 속에서 부딪히는 세대 차이, 문화적 정체성, 그리고 이민자로서의 경험을 유머러스하게 그려낸다.

편의점이라는 작은 공간은 다양한 손님들이 오가며 에피소드가 만들어지는 무대이기도 하다. 캐나다 사회의 다문화적 배경 속에서 인종, 젠더, 세대 문제를 위트 있게 다루며, 따뜻한 가족애와 웃음을 동시에 선사한다. 단순한 시트콤을 넘어, 한국계 이민자의 삶을 현실적이면서도 공감 가게 그려내며 전 세계 시청자들에게 큰 사랑을 받은 작품이다.

House of Cards : 하우스 오브 카드

2013-2018

| 시즌 6개 | 드라마 | 편당 50분 |

난이도 ★★★

미국 워싱턴 D.C.를 배경으로 한 정치 드라마로 냉철하고 야망 넘치는 정치인 프랭크 언더우드의 권력 투쟁에 대한 내용이다. 그는 원래 국무장관 자리를 약속받았지만 배신당하자 복수와 권력 장악을 위해 치밀한 계획을 세운다.

언더우드는 뛰어난 언변과 전략으로 정치인, 언론, 재계 인사들을 조종하며 점차 권력의 정점으로 나아간다. 그의 아내 클레어는 단순한 조력자가 아니라 독립적이고 강인한 정치 파트너로, 두 사람은 때로는 협력하고 때로는 갈등하며 '권력 커플'로서 냉혹한 정치 무대를 헤쳐 나간다.

드라마는 권력의 본질, 정치의 어두운 이면, 인간의 욕망과 배신을 긴장감 있게 보여 주며, 한순간도 긴장을 늦출 수 없는 스토리 전개로 전 세계 시청자들의 큰 사랑을 받았다.

단순히 언어를 넘어서 미국 사회의 정치 문화와 사고방식을 접할 수 있어 영어권 세계를 깊이 이해하는 데 도움이 된다.

Wednesday : 웬즈데이

2022-2025

시즌 2개   드라마   편당 50분
난이도 ★★☆

고전적인 아담스 패밀리 시리즈의 캐릭터 '웬즈데이 아담스'를 중심으로 한 스핀오프 작품이다. 주인공 웬즈데이는 독특하고 어둡지만 지적인 성격의 소녀로, 일반 학교에서 여러 사건을 일으킨 뒤 결국 '네버모어 아카데미'라는 기숙학교로 전학을 가게 된다. 이 학교는 특별한 능력을 지닌 학생들이 모이는 곳으로, 처음엔 친구를 사귀는 것에도 관심 없고, 오로지 자기만의 세계에 몰두하지만, 곧 캠퍼스에서 벌어지는 연쇄 살인 사건과 비밀스러운 음모에 휘말리게 된다.

웬즈데이는 뛰어난 관찰력과 추리 능력을 발휘해 사건의 실마리를 풀어나가며, 이 과정에서 냉소적인 성격의 그녀도 조금씩 변화하며, 진정한 우정의 의미를 배우게 된다. 미스터리, 판타지, 청춘 성장 스토리가 결합된 독특한 분위기로 전 세계 시청자들에게 신선한 재미를 주었다.

웬즈데이와 친구들이 나누는 대사는 실제 미국 고등학생들의 대화 스타일을 반영하고 있어 자연스러운 구어체 학습에 적합하다.

Inventing Anna : 애나 만들기

2022

단일 시즌   드라마   편당 60분

난이도 ★★☆

실존 인물 애나 소로킨의 이야기를 바탕으로 만들어진 넷플릭스 시리즈이다. 러시아에서 태어나 독일에서 자란 애나는 '애나 델비'라는 새로운 신분을 만들어내고, 마치 유럽의 상속녀인 것처럼 뉴욕 상류층 사회에 뛰어든다. 그녀는 세련된 옷차림과 화려한 언변으로 투자자, 은행가, 예술계 인사들을 현혹시키며 거대한 사업 프로젝트를 추진한다. 하지만 거짓말과 허세, 교묘한 설득으로 사람들을 속이고 사치스러운 생활을 이어간다. 드라마는 애나의 사기극을 파헤치려는 기자 비비안의 시선을 따라 전개된다. 비비안은 그녀의 진짜 정체와 의도를 밝히려 한다.

명품, 미술관, 파티, 호텔 문화 등 뉴욕 상류층의 생활을 엿보며, 실제 대화에서 쓰이는 사교적 표현을 배울 수 있다. 또한 애나는 자신감 넘치고 당당한 어조로 영어를 구사하는데, 이를 따라 하면 설득력 있는 말하기 훈련이 된다.

Stranger Things : 기묘한 이야기

2016-2022

시즌 4개   드라마   편당 50분

난이도 ★★☆

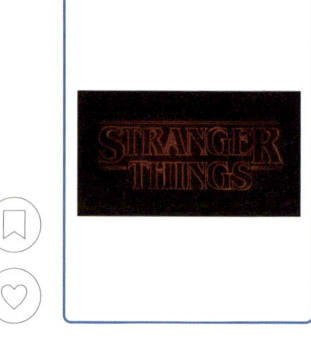

1980년대 미국 인디애나주 작은 마을 호킨스를 배경으로 벌어지는 초자연적 사건을 그린 드라마다. 어느 날 평범한 소년 윌 바이어스가 실종되면서 이야기가 시작된다. 가족과 친구들은 그를 찾기 위해 애쓰던 중, 정체불명의 소녀 '일레븐'을 만나게 된다. 초능력을 가진 일레븐은 정부의 비밀 실험실에서 도망쳐 나온 아이로, 그녀의 존재는 윌의 실종과 깊게 연결되어 있다. 아이들은 일레븐과 함께 윌을 찾기 위해 모험을 떠나게 된다.
한편 윌의 어머니 조이스와 경찰서장 호퍼는 윌의 실종이 단순한 사건이 아님을 직감하고 진실을 파헤치기 시작한다. 마을을 둘러싼 정부의 음모, 초자연적 괴물, 그리고 미지의 차원은 점점 주민들의 삶을 위협한다. 아이들의 우정과 용기, 가족애를 중심으로 긴장감 넘치는 전개를 이어간다.
이 작품은 복고풍 80년대 분위기와 캐릭터들의 성장 서사로 전 세계 시청자들에게 사랑받았다. 단순한 괴물 이야기 이상의 의미를 담아, 인간 관계와 선택의 힘을 깊이 있게 다루는 작품이다.

The Queen's Gambit: 퀸스 갬빗

2020

`단일 시즌` `드라마` `편당 50분`
`난이도 ★★★`

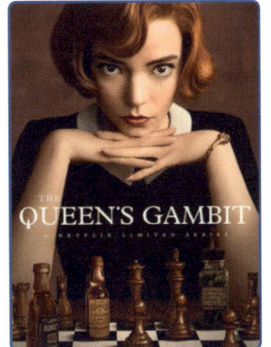

체스 신동으로 성장하는 고아 소녀 베스 하먼의 삶을 그린 드라마다. 어린 시절 교통사고로 부모를 잃은 베스는 고아원에 맡겨지고, 그곳에서 청소부 샤이벨을 통해 체스를 처음 접한다. 그는 베스의 천재적인 재능을 발견하고 기초를 가르쳐 주며 그녀의 삶에 결정적인 영향을 남긴다.

입양 후 새로운 가정에서 성장한 베스는 본격적으로 체스 대회에 참가하며 두각을 나타낸다. 미국 전역을 돌며 승리를 거두고, 결국 세계 정상급 선수들과 겨루는 무대에 오르게 된다. 하지만 승리에 대한 집착, 고독, 그리고 약물 의존은 그녀의 발목을 잡는다. 드라마는 베스가 내적 갈등과 외적 경쟁 속에서 점점 자신을 찾아가는 여정을 그린다.

체스판 위에서 펼쳐지는 치열한 두뇌 싸움뿐만 아니라, 베스가 마주하는 여성으로서의 한계, 개인적 상처, 그리고 주변 사람들과의 관계가 이야기를 풍부하게 만든다.

체스라는 스포츠를 넘어 성장, 자립, 그리고 인간 내면의 투쟁을 다룬 작품으로 전 세계 시청자들에게 깊은 여운을 남겼다.

The Good Doctor : 굿 닥터

2017-2024

| 시즌 7개 | 드라마 | 편당 50분 |

난이도 ★★★

자폐 스펙트럼 장애와 서번트 증후군을 가진 외과 레지던트 숀 머피의 이야기를 중심으로 전개된다. 어린 시절부터 가족에게 이해받지 못하고 고립되어 자란 숀은 남들과의 소통에는 어려움이 있지만, 의학적 지식과 시각적 기억 능력에서는 탁월한 재능을 보인다.

그는 샌호세의 한 대형 병원에서 외과 레지던트로 근무하게 되지만, 병원 이사회와 동료 의사들은 의문을 품으며 그를 불신한다. 숀은 환자의 미세한 신체적 징후를 간파하고, 교과서적인 지식을 뛰어넘는 독창적인 아이디어를 통해 생명을 구한다. 하지만 그의 성공 뒤에는 끊임없는 편견, 오해, 그리고 감정 표현의 한계에서 오는 갈등이 발생한다. 그럼에도 불구하고 숀은 자신만의 방식으로 동료 의사들과 신뢰를 쌓아가며, 의사로서뿐 아니라 인간으로서 성장해 나간다. 드라마는 단순한 의학적 사건뿐 아니라 숀의 내면적 성장, 인간관계, 그리고 사회적 다양성에 대한 메시지를 담고 있어 감동을 준다.

2장 미드 영어 학습의 정신

첫 번째 미드 보기

미드에 대한 사랑 키우기

자, 이제 미드를 볼 시간이다. 여러분들은 여러분이 이미 좋아하는 미드나 내가 추천해 준 미드 중 하나를 골랐을 것이다. 그리고 이 미드를 볼 수 있는 서비스에 가입해서 볼 준비가 되어 있을 것이다. 이제부터는 소파나 침대에 편안하게 누워서 감상하면 된다.

   하나의 시즌은 대략 1년이라고 생각하면 된다. 시즌 10은 방영 10년 차를 뜻한다. 보통 한 시즌이 24편 정도가 있는데, 내가 추천하는 대부분의 미드는 보통 1편이 20분 정도의 분량이다. 대충 계산을 해 봐도 하나의 시즌을 다 보려면 8시간이 걸린다. 시즌 10까지 다 본다고 가정하면 무려 80시간이나 걸린다. 이게 생각보다 많은 양이기 때문에 결코 쉬운 일이 아니다. 그래서 내가 고심한 끝에 생각해 낸 학습법을 소개하려고 한다.

우리가 핵심 미드를 정한 것처럼, 핵심 시즌을 정해서 그 시즌만 공략하는 방법이 있다. 보통 방송국 입장에서는 시즌 1을 가장 공들이고, 가장 흥미롭게 볼 수 있기에 시즌 1을 핵심 미드로 설정하는 것이다. 미드 학습법은 결국 반복이 핵심이다. 그래서 시즌 전체를 반복할 엄두가 나지 않는다면 핵심 시즌 하나만 골라서 반복하고 나머지 시즌들은 꼭 반복하지 않아도 된다.

만약 핵심 시즌이 너무 재미있다면, 나머지 시즌도 계속해서 한국어 자막을 틀어 놓고 즐겁고 편안하게 시청하면 된다. 공부해야 한다는 압박감이 없기 때문에 오히려 더 재미있을 것이다. 그래서 나머지 시즌 역시 핵심 시즌처럼 반복해서 보게 될 수도 있다. 그렇지만 지금 단계에서는 너무 부담감을 갖지 말자.

이렇게 재미있게, 부담 없이 보다 보면 등장인물들과 사랑에 빠지고 정이 들게 된다. 이들을 지켜보는 것만으로도 에너지가 충전되고 행복감을 느끼게 될 것이다. 이렇게 사랑을 키워야만, 진정한 팬이 되고 이 사랑의 힘으로 영어 공부도 할 수가 있다. 이 사랑이 형성되지 않으면, 여러분은 미드를 공부해야 하는 대상으로 여기게 될 것이고, 결국 에너지가 방전되어서 포기하게 될 것이다. 작심삼일이라는 말이 괜히 나오는 것이 아니다. 우리는 수박 겉핥기만 하고 끝내려는 게 아니라, 영어의 세계로 깊숙이 들어갈 준비를 하는 것이기 때문에 무엇보다 사랑을 먼저 키워야 한다. 사랑은 미드 학습법에서 가장 핵심이 되는 키워드라고 할 수 있다.

자막

처음에는 무조건 한국어 자막을 틀어 놓고 봐야 한다. 그리고 편안하고 즐겁게 미드를 감상하면 된다. 한국어 자막이 없다면 전혀 이해를 할 수 없다. 자막을 끄거나 영어 자막으로 보면, 전체 내용의 10%도 이해를 못할 것이다. 이해를 못하는 상태에서 하는 영어 공부는 효과가 없다. 앞서 나의 중고등학교 시절을 생각해 보면, 3년을 공부했어도 그때 봤던 영화와 소설책들이 무슨 말인지 하나도 몰랐다.

미국 아이들은 자막 없이 영어를 학습하는데, 그렇다면 아이들처럼 학습해야 하는 거 아니냐고 말하는 사람들도 있다. 하지만 여러분에게는 친절하게 모든 것을 설명해 주고 말을 걸어 주는 미국인 엄마가 없다. 그래서 미국 아이들을 흉내 내려는 시도는 실패할 확률이 높다. 우리의 미국인 엄마는 한국어 자막이다. 이 자막이 우리로 하여금 그 어려운 미드를 100% 이해할 수 있도록 도와준다. 절대 한국어 자막을 보는 것에 죄책감을 느끼거나 이를 무시해서는 안 된다.

소위 영어 전문가들은 해외 논문들을 언급하며 다양한 의견들로 여러분들에게 더 효과적인 다른 조언을 할 수도 있다. 하지만 나는 한국에서 미드로 영어를 실제로 해낸 '영어 생존자'이다. 내 노하우는 의견이 아니다. 내 노하우는 미드를 통해서 수많은 시행착오 끝에 이룩한 하나의 결과물이다. 꼭 한국어 자막을 틀어서 재미있게 보길 바란다. 초반에는 학습 효과를 따지기 전에 사랑을 키워야 한다.

마음 자세

한번은 친한 누나에게서 전화가 왔다. 이 누나는 대학교 시절 공부를 매우 잘했는데, 특히 노트 정리를 누구보다 잘했다. 그렇게 공부를 잘했던 누나도 영어 때문에 고민이 많았는지 나에게 조언을 구하고자 연락을 한 것이다. 그래서 나는 누나를 돕고자 하는 순수한 마음으로 미드 시청을 권했고, 무엇보다 미드에 재미를 붙이는 게 우선이라고 이야기해 주었다. 이 누나는 그냥 보기만 한다고 영어 학습이 되겠냐며 많은 의구심을 품긴 했지만 그래도 나를 믿고 한번 시도해 보겠다고 했다.

나는 이 누나가 노트 정리를 잘한다는 걸 의식해서 혹시나 미드를 보기 전에 노트와 펜부터 챙길까 걱정이 되었다. 그래서 꼭 재미가 우선이니 괜히 노트 정리한다고 시간 보내지 말고 부담 없이 시작해 보라고 첨언해 주었다.

시간이 지나고 어느 날 이 누나에게 미드를 계속 보고 있는지 물어봤다. 누나는 미드를 안 보고 있다고 말했다. 혹시 노트 정리를 하면서 봤냐고 물어보니 그제야 미드를 보는 중에 모르는 단어들을 정리했다고 고백했다.

사람들은 내가 단어 정리하지 말라고 하면 그냥 하는 소리인가 보다 하고 넘어간다. 그런데 사실 단어 정리를 하는 것은 미드를 꾸준히 보는 데 치명적인 타격을 준다. 특히 미드를 보는 초반에 재미를 붙이기도 전에 단어를 정리하면 거의 실패한다고 보면 된다. 꼭 명심하기를 바란다.

연애하는 마음으로 미드 보기

미드를 보는 것은 연애와 상당히 유사하다고 할 수 있다. 연애를 처음 시작할 때는 설레는 마음을 품고 매일 도시락도 싸 주고 싶은 마음이다. 하지만 점차 연애가 진행되고 처음의 열정이 떨어지고 나면, 그 일은 너무나도 어려운 일이 된다. 영어도 마찬가지다. 처음 시작할 때 열정은 노트 정리도 하고 단어도 외우고 문법도 공부해도 충분할 정도이다. 이렇게 너무 뿌듯한 하루하루를 보내게 되지만, 결과적으로 이는 제대로 공부를 한 게 아니라 너무 무리를 한 것이다.

한 달이 지나면 이렇게 노력을 지속하는 게 부담이 되기 시작한다. 부담이 되면 자연스럽게 미루게 되고 결국 포기한다. 그런 자신을 게으르다고 자책하고 실망하게 된다. 이렇게 스스로 자존감을 깎아 먹는 것이다. 여러분이 게으른 게 아니다. 단지 여러분이 실패한 이유는 불가능한 일을 시작했을 뿐이고, 초반 열정으로는 어느 정도 가능하지만, 열정이 서서히 사라지면서 자연스럽게 실패하게 되는 것이다.

처음에는 주인공들과 내용에 익숙해지는 데도 많은 시간과 노력이 든다. 그렇기 때문에 처음에는 드라마를 파악하느라 충분히 재미를 느끼기가 어려울 수 있다. 그냥 보는 것도 힘든데, 공부까지 생각하면 바로 포기하게 된다. 앞으로도 계속 강조하겠지만, 에너지를 보존해야 한다. 처음에는 드라마를 파악하는 데 에너지를 써야 한다. 그냥 한국어 자막을 틀어 놓고 최대한 편안하게 감상해야 한다.

정말 많은 분들로부터 질문을 받았다. 어떻게 미드를 300번이나 볼 수 있었냐고. 그 정도 볼 정도면 정말 미드를 좋아하는 게 틀림없다고 하나같이 이야기했다. 물론 내가 미드 〈How I met your mother〉를 정말 좋아하기도 했다. 그런데 사실 처음에는 명절마다 나오는 영화 같은 느낌이기도 했다. 그냥 부담 없이 미드를 틀면 눈길이 가고 그러다가 나도 모르게 보고 있는 느낌이었다. 그런데 그렇게 보다 보니 드라마가 익숙해지고, 주인공들과 정이 들고 하면서 점점 사랑하는 마음이 커졌다.

핵심은 미칠 정도로 재미있어서 보는 것이 아니라, 틀어 놓고 보다 보니 점점 빠져든다는 것이다. 내가 앞서 추천한 대부분의 미드들은 틀어 놓으면 무조건 볼 만한 작품들이다. 그렇게 보다 보면 정이 든다. 정이 들고 나서부터는 미친 듯이 좋아지기 시작한다. 이것이 미드 공부의 성공 지름길이다.

두 번째 미드 보기

미드 사랑 지속하기

앞서 미드 한 시즌은 8시간 남짓 걸린다고 했다. 8시간이면 영화 3편 정도 분량이다. 충분히 해 볼 만한 양이라고 생각한다. 또 이를 책으로 쓴다면 단행본 2권에 해당하는 분량이다. 책 2권 분량의 대화를 반복해서 본다면 정말 영어가 안 늘 수가 없을 것이다.

유학을 가는 것을 생각해 보면 비용을 1년에 1억 정도는 예상해야 한다. 이에 맞먹는 유일한 학습법이 바로 미드를 보는 것이다. 1년에 1억을 아끼고 동일한 효과를 얻는다면 무조건 해야 하지 않겠는가? 다만 방법이 어렵기 때문에 자세히 제시하도록 하겠다. 여러분의 영어 인생이 바뀐다면, 이 정도는 해 볼 만하지 않겠는가?

자막

이미 한 시즌을 한 번 봤기 때문에 주인공, 드라마의 특징, 웃음 포인트 등 드라마에 대한 파악이 어느 정도 끝났을 것이다. 이런 상황에서는 이제 다른 것에도 조금씩 신경 쓸 여유가 생기기 때문에 이 여유를 활용해 보자.

사실 미드 공부에서 가장 중요한 부분이 바로 자막 설정이다. 그래서 여러분에게 조금은 불편할 수 있지만 더 효과적인 방법을 추천하기로 했다. 바로 한영자막이다. 보통 OTT 서비스에서는 자막을 영어 또는 한국어 둘 중 하나만 선택해서 볼 수 있다. 하지만 영어와 한국어를 동시에 틀어 놓고 보면 훨씬 효과적으로 미드 공부를 할 수 있다. 현재는 아쉽게도 이런 서비스가 OTT에서는 지원이 안 된다.

그런데 다행히도 컴퓨터(노트북)에서는 한영자막을 동시에 볼 수 있는 방법이 있다. 현재로서는 이게 최선이다. 접근성을 높이기 위해서 노트북을 가지고 있으면 좋은데, 만약 노트북이 없다면 30만 원대 저렴한 노트북을 구매하는 것도 좋은 방법이다. 그러면 컴퓨터(노트북)로 한영자막을 사용하는 방법을 소개하겠다. 이 방법은 넷플릭스, 디즈니 플러스 모두 가능하다. 아쉽게도 아직 핸드폰이나 태블릿에서는 지원이 안 된다.

Chrome 브라우저 다운로드 방법

우선 구글 '크롬 브라우저'가 필요하다. 아직 없다면 '크롬'을 다운받자. 아래 화면처럼 'Chrome 다운로드' 버튼을 누르면 끝이다.

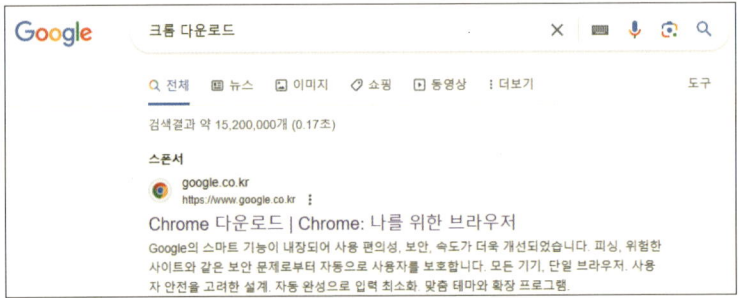

Dualsub 설치 방법

이제 'Chrome'에서 'Dualsub'을 검색하자.

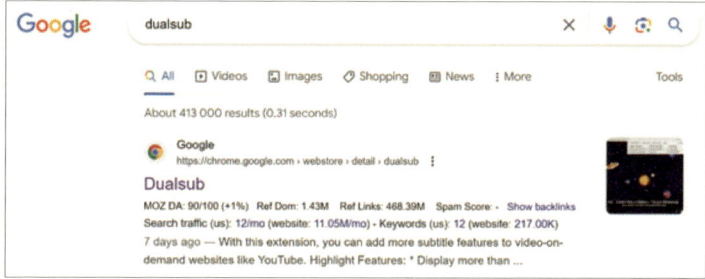

'Dualsub'을 클릭하고 나서 아래와 같이 '파란 버튼(Add to chrome)'을 클릭하면 된다.

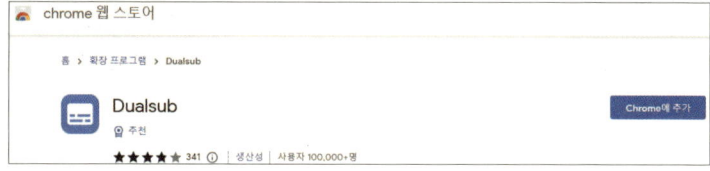

그럼 다음과 같은 메시지가 나오는데, 겁먹지 말고 '확장 프로그램 추가'를 클릭한다.

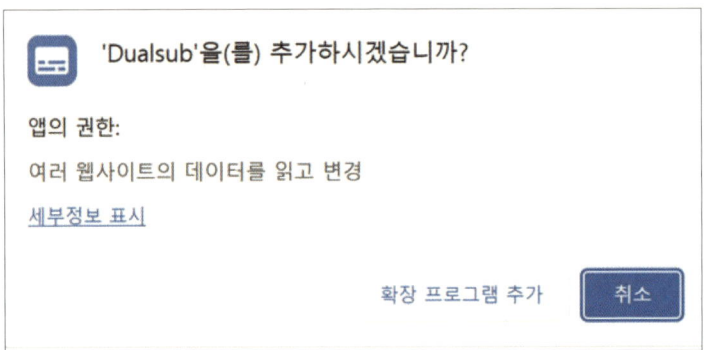

이후 Chrome 우측 상단에 퍼즐 모양을 클릭한다.

그리고 압정 표시를 눌러 놓으면 언제든지 편하게 쓸 수 있다.

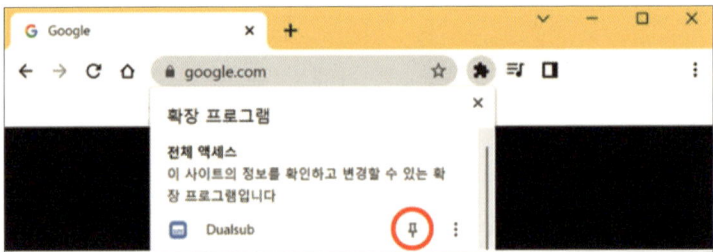

그러면 다음과 같이 파란 버튼이 추가된 것을 확인할 수 있다. 이렇게 미드를 볼 때마다 파란 버튼을 눌러서 자막을 켜면 된다.

Dualsub 사용법

이제 디즈니 플러스로 들어가서 사용해 보자. 넷플릭스도 사용법은 동일하다. 디즈니 플러스에 들어가서 'Dualsub'를 클릭하자.

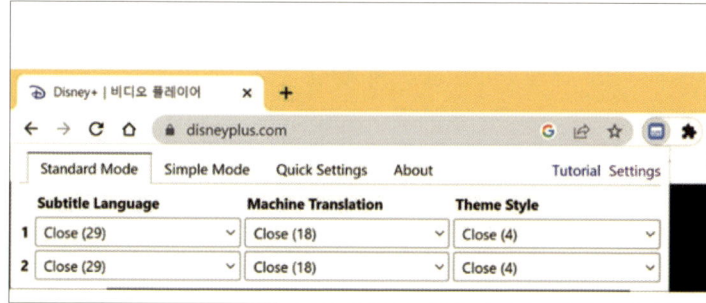

여기서 'Subtitle Language'만 조정하면 된다.

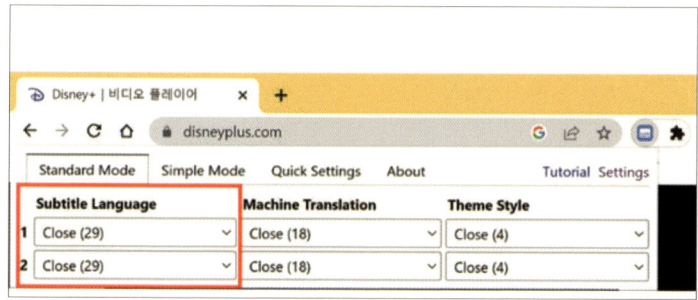

현재 자막이 닫혀 있는 상태이니 이를 'English', 'Korean'로 각각 바꿔 주자.

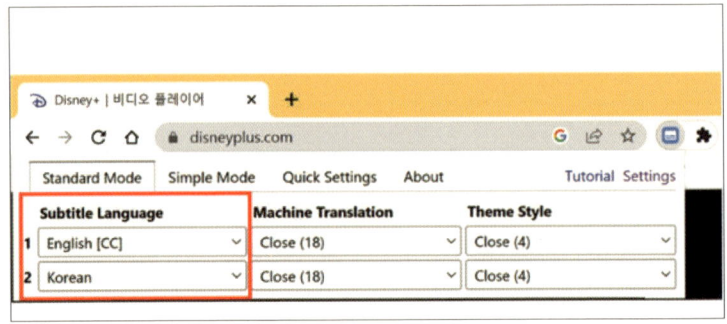

이렇게 하면 한영자막을 동시에 즐길 수 있다. 한 번쯤 노트북으로 한영자막 기능을 사용한다면, 상당히 편리하게 단어와 표현의 뜻을 한국어 자막과 대조해서 볼 수 있다. 이렇게 자막을 대조해서 뜻을 파악하는 것만으로도 정말 빠른 속도로 수많은 단어와 표현을 익힐 수 있게 된다.

하이브리드 학습법

한영자막 기능을 활용할 수 있는 것은 컴퓨터(노트북)뿐이다. 그렇다면 핸드폰은 어떻게 활용하면 좋을까? 반복해서 핵심 미드를 보는 것은 노트북으로 하고, 핸드폰으로는 새로운 시즌을 보면 좋다. 핸드폰으로는 반복 없이 진도를 원하는 대로 나가라. 이렇게 하려면 프로필이 2개가 필요하다. 같은 드라마를 시즌 하나만 반복해서 보는 프로필과 새로운 시즌들을 보는 프로필로 나누는 것이다. 노트북에서는 한영자막 기능을 활용해서 반복 학습을 하고, 핸드폰으로 편안하게 즐기는 것이다. 재미와 공부를 동시에 잡는 것이다. 넷플릭스, 디즈니 플러스 둘 다 여러 개의 프로필을 만들 수 있다.

듣기

한국어 자막으로 미드를 볼 때는 당연히 영어가 잘 안 들린다. 사실상 한국어 드라마를 보는 것과 같을 정도이다. 그래도 가끔씩 잘 들리는 익숙한 표현이나 단어들이 있을 텐데 그런 것들은 나올 때마다 조금 더 신경 써서 듣고 넘어가면 된다. 나는 처음 미드를 봤을 때 10%도 안 들려서 충격에 빠졌던 기억이 난다. 그래도 나름 영어를 잘한다고 생각했는데 말이다.

이는 지극히 자연스러운 것이다. 30년 이상 모국어로 영어만 한 드라마 주인공들을 무슨 수로 따라가겠는가? 좌절하지 말고 내가 지금 들리는 단어와 표현에 집중해서 조금씩 늘려 나가는 데 초점을 맞추자. 영어가 어느 날 갑자기 마법처럼 들리는 일은 없다. 결국 내 안에 많은 표현들이 채워져야 알아들을 수 있다. 이를 위해서는 재미있게 미드를 봐야 한다. 이야기 구조에 집중하면서 드라마 파악하는 데 공을 쓰기 바란다.

마음 자세

한국 사람들은 무엇을 하든 열심히 해야 한다고 생각하는 것 같다. 그러고 열심히 하지 못하는 자신을 계속해서 자책한다. 그러고는 자신을 더 혹독하게 몰아붙여서 더 열심히 하려고 한다. 열심히 하지 못한 자신에게 벌을 주는 것이다. 그렇지 않으면 경쟁사회에서 살아남기가 어려워서 그런 걸까?

　나는 학창 시절 수학을 정말 못했다. 나는 열심히 한다고 노력했지만 수학을 못했다. 수학을 못하는 내가 너무 미웠다. 다른 친구들은 매일 놀고 수업 시간에 자는데, 시험만 보면 나보다 훨씬 높은 점수를 받았다. 이대로 경쟁에서 뒤지면 대학에 가기 어려울 것 같다는 생각에 내 마음은 점점 불안해져 갔다.

　이 불안함을 달래는 법은 열심히 하는 것이었다. 내가 더 열심히 해야 수학 성적이 오를 거라고 생각했다. 초시계를 들고 다니면서 내가 순수하게 공부하는 시간을 재기 시작했다. 초시계를 틀어 놓고 있으면 마음이 안정되었고, 문제집을 한 장씩 풀면서 불안함이 조금씩 사라졌다. 그러다가 혹시라도 일이 생겨 문제집을 못 푸는 날이면 공부를 못 했다는 죄책감이 생겼다. 그런 날에 나는 더 혹독하게 나 자신에게 벌을 주었다. 더 수학 문제를 많이 풀고 더 많은 시간 책상에 앉아 있게 했다. 특히 문제를 많이 풀어야 불안감이 사라졌다. 그래서 시간이 오래 걸리는 어려운 문제는 가급적 뒤로 넘기고 빠르게 많이 풀 수 있는 쉬운 문제들만 풀게 되었다. 이렇게 내가 푼 문제집을 쌓아 보니 내 허리까지 왔다.

　이 정도 열심히 했으니 당연히 수학 성적이 오를 거라고 기대했다. 하지만 수학 성적은 제자리였다. 그 당시에는 몰랐다. 내가 열심히 수학 공부를 한 것이 아니라 열심히 나 자신을 위로했다는 사실을. 이렇게 열심히 해도 안 되는 거 보니 나는 수학 머리가 없다는 생각에 이르렀다.

　나처럼 많은 사람들이 죄책감에 시달리며 살고 있다. 결과가 안 나오는 것은 내가 열심히 하지 않아서라고 생각하는 것이다. 즉, 문제를 자기 안에서 찾는 버릇이 있다. 혹시 방법이 잘못되었다고 생각해 본 적이 있는가? 아무리 열심히 해도 방법이 잘못되면 결과는 나오지 않는다. 사실 모든 일에 성공하는 방법이 있고, 이 방법은 내 밖에 존재한다. 나를 자책하고 내가 문제라고 생각해서는 해결책을 결코 찾을 수 없다. 외부에서 성공하는 방법을 찾아서 그 방법을 나에게 적용하면 성공하는 것이다.

　예전에 온라인 강의를 통해서 유명 강사의 수학 강의를 수강한 적이 있다. 그 강사 분은 수학에서는 문제 풀이가 중요한 게 아니라 수학 공식이 어떻게 도출되는지 이해하면 어떤 문제도 풀 수 있다고 했다. 나는 당시 개념은 쳐다보지도 않고 그냥 문제만 풀었는데, 그날 이후로 개념이 상세하게 설명되어 있는 교과서를 필사하기 시작했다.

　필사를 20번 정도 하고 나니 개념들이 왜 그렇게 도출되는지 조금씩 이해하게 되었다. 그 이후로 모의고사에서 연속으로 100점을 맞기 시작했다. 믿기지 않았다. 나는 내가 머리가 안 좋아서 수학을 못한다고 생각했다. 나는 수학을 잘하는 게 불가능하다고 생각했다. 그런데 올바른 방법으로 공부하니 순식간에 전국에서 수학을 제일 잘하는 사람이 된 것이다.

유튜브를 잘하는 방법

유튜브를 하는 많은 사람들 열심히 영상을 올리다 보면 언젠가는 알고리즘의 선택을 받을 거라고 생각한다. 그래서 조회수가 잘 안 나오면 문제를 자기 안에서 찾게 된다. 나 역시 그랬다. 내 안에서 문제를 찾은 것이었다.

나는 5년간 영상 132개를 올렸다. 정말 신경 써서 유익한 영상들을 올렸음에도 구독자는 300명대였다. 조회수도 많이 나와야 100회 정도였고, 적게 나오면 20~30회 수준이었다. 당연히 구독자가 늘지 않았다. 정말 일주일에 한 편씩은 반드시 업로드하려고 새벽까지 작업을 하는 경우가 많았다. 그 다음 주 영상을 준비하기 위해서 끊임없이 재료를 찾기도 했다. 그러나 구독자는 거의 늘지 않았다. 아무리 해도 구독자가 늘지 않아서 나는 점점 지쳐 가기 시작했다. 나를 자책하기 시작했고, 문제를 내 안에서 찾았다.

이젠 더 이상 가능성이 없다고 판단하고 유튜브를 그만둘까 생각하던 시기에 마지막으로 속는 셈 치고 한 유명 유튜버의 강의를 구매했다. 유튜브 운영 방법에 대한 강의였고 어떻게 해야 유튜브 조회수가 잘 나오는 영상을 기획할 수 있는지 팁을 제시하는 것이었다. 그 강의를 듣고 올린 첫 영상으로 일주일 만에 구독자가 500명에서 10,000명이 되었다. 당시에는 진짜 꿈을 꾸는 거 같았다. 강의를 듣고 올린 첫 영상을 20만 명이 봤다. 평소 조회수가 20~30회였는데 하나의 영상이 바로 20만 조회수를 기록한 것이다. 당연히 구독자가 기하급수적으로 늘었다. 지난 5년간 그렇게 노력해서 겨우 500명을 모았는데, 이제는 하루에 기본 500명, 많을 때는 1,000명씩 늘었다. 정말 하루에 구독자 수의 확인을 100번 이상 하게 되었다. 정말 꿈만 같았다.

만약 '내가 열심히 하면 언젠가 되겠지'라는 생각으로 계속해서 유튜브를 해 왔다면 어떻게 됐을까? 지금도 구독자가 1,000명이 안 되었을 것이다. 물론 노력도 중요하지만 노력이 전부는 아니다. 잘못된 방향으로 노력하면 절대로 결과물을 얻을 수 없다.

여러분이 영어를 공부할 때 올바른 방법으로 하지 않으면 10년을 노력해도 영어는 늘지 않을 것이다. 영어를 성공하는 방법은 여러분 안에 있는 것이 아니라 밖에 있다. 노력을 하지 않아서 영어를 못하는 것이 아니라, 영어를 잘하는 방법을 모르는 것이다. 영어를 잘하는 법은 사실 간단하다. 원어민들이 쓰는 표현을 많이 익혀서, 이를 긍정, 부정, 질문, 과거, 현재, 미래 등으로 순식간에 활용해서 입 밖으로 뱉는 연습을 많이 하면 된다. 이 부분은 나중에 구체적으로 다루겠지만 정말 이게 전부이다.

영어를 원서로 배웠습니다

영어를 원서로 공부하는 분들이 있다. 그렇게 해도 영어가 안 되면 자동으로 이런 분들은 문제를 자기 안에서 찾기 시작하고 결국 포기를 하는 경우가 많다.

원서로 된 영어 소설을 읽고 영어 회화를 하는 것은 말도 안 되는 일이다. 입을 꾹 다물고 책을 읽었는데 어떻게 영어로 소리 내서 말할 수 있겠는가? 앞서 다뤘지만, 영어책 읽기는 이미 영어를 유창하게 하고 발음이 좋은 분들이 하는 것이다. 영어로 말을 못 하는 분들은 영어 소설을 읽기 힘들어서 포기할 확률이 높고, 말하기 실력이 늘기도 거의 불가능하다.

영어도 공부하는 방법이 따로 있다. 여러분이 생각하는 것처럼 자신을 자책하고, 벌하기 위해서 더 혹독하게 밀어붙이는 것이 중요한 게 아니라 올바른 방법을 찾아서 그 방법대로 나가야 되는 것이다. 대부분의 사람들이 우선 게으른 자신에게 벌을 준다. 그 벌은 자신을 더 열심히 하라고 강요하게 되고, 결국에는 목표도 없이 산발적으로 이것저것 하게 만들게 된다. 영어 공부로 치면 단어, 문법, 듣기, 읽기, 말하기 등 이것저것 마구잡이로 하는 것이다. 뭔가 열심히 한 것 같지만, 결과적으로 제자리걸음에 불과하고 아무것도 한 것이 없는 것이다. 정확한 방법을 모르니 이는 당연한 결과다.

대부분의 사람들은 열심히 하지 않는 자신을 계속해서 몰아붙여야 뿌듯해한다. 그렇기에 해답을 자기 안에서 찾으려고 한다. 본인이 문제라고 생각하기에 일단 본인에게서 문제를 찾으면 문제가 해결될 것으로 생각하는 것이다.

두려움은 '경쟁에서 이길 수 있을까?'라는 생각으로부터 오게 되고 그 두려움 때문에 정신없이 바쁘게 움직인다. 뭔가 제대로 완벽하게 해야 할 것 같고 내 에너지를 최대한 사용해서 최선을 다해야만 한다는 강박관념이 사람들 안에 자리잡고 있다. 두려움에 사로잡혀 좁은 시야로 자신을 채찍질하면 안 된다. 두려움을 이겨내고 시선을 밖으로 향해야 한다. 여러분이 찾는 방법은 여러분 밖에 있다. 명심하길 바란다.

단어는 외우는 게 아니다

그동안 우리는 왜 단어를 외워야 하는 대상으로 생각했을까? 이는 우리나라의 영어 교육의 방향을 정하는 수능 영어 때문이다. 수능 영어는 터무니없이 어렵다. 그 어려운 시험을 준비하기 위해서 수험생들은 많은 단어를 외워야 하는 것이다. 원어민들이 일상에서 쓰는 단어는 1,000개에서 3,000개 정도라고 한다. 그 복잡한 성경에 나오는 영어 단어도 약 7,000개밖에 안 된다(NKJV 성경 단어 7,640개). 우리는 과연 많은 단어를 외울 필요가 있을까?

미국인 Tom이 한국에 왔다고 가정하자. Tom은 한국말을 잘하기 위해서 한국어 단어 '먹다'를 열심히 외웠다고 하자. 그럼 Tom은 '먹다'를 가지고 한국말을 잘 할 수 있을까?

먹어.

먹었어.

먹지 마.

먹을 거니?

먹고 싶지 않았어.

먹으려고 하니?

먹는 중이 아니야.

'먹다'라는 단어를 외웠다고 해서 Tom은 위와 같은 말들을 할 수 있을까? 그럼 Tom이 외운 '먹다'는 과연 Tom에게 어떤 도움이 될까?

한국말을 잘하기 위해 더 어렵고 수준 높은 단어들을 외워야 할까? '추정하다', '보존하다', '위임하다'와 같은 단어들을 외우면 한국어를 잘하게 될까? 나는 우리가 영어를 공부하는 방식을 꼬집은 것이다. 몇 천 개의 단어들을 술술 외우면서, 영어 말 한 마디 못 하는 것은 여러분이 'eat' 하나만 외워서이다.

Eat!
I ate.
Don't eat.
Are you going to eat?
I didn't want to eat.
Were you trying to eat?
She is not eating.

'먹다'라는 단어를 알아도 말 한 마디 제대로 못 하는 것처럼, 'eat'을 알아도 활용을 못 하면 다양한 문장을 절대 만들 수가 없다. 차라리 단어를 많이 외우는 것보다 '먹다' 하나의 단어를 기초로 다양하게 활용하는 법을 배운다면 어떨까? 그러면 어떤 동사든 자유롭게 활용할 수 있지 않을까? 왜 우리는 진작 이 생각을 못했을까?

또 단어를 외우는 데도 여러 가지 문제가 있다. 여러분은 단어를 외우면 기억이 나는가? 기억이 난다고 해도 바로 문장에 쓸 수 있는가? 대부분은 단어는 외우고 돌아서면 잊어버린다. 외운 단어를 기억한다고 해도 문장으로 전혀 쓸 줄 모른다. 외우면 잊어버리고, 기억해도 문장에 못 쓴다면 우리는 도대체 뭘 하고 있는 걸까?

그래서 내가 제안하고 싶은 방법은 단어를 따로 외우지 말라는 것이다. 아무도 단어 외우는 걸 좋아하지 않는다. 단어 외우다가 영어에 질려 버려서 그만 두느니, 차라리 단어를 외우지 말고 미드와 사랑에 빠지는 게 100배 낫다. 단어를 안 외워도 되면, 영어 학습에 부담이 상당히 적어지고, 부담이 적으면 꾸준하게 오래 할 수 있기 때문이다. 이는 내가 살아남은 이유이다. 사랑을 우선시하는 것이다. 미드와 사랑에 빠지면 어차피 장기적으로 영어를 학습하게 될 텐데, 실제로 많이 쓰고 중요한 단어들은 계속 나올 것이고 자연스럽게 외워진다.

입체적 단어 학습

'eat = 먹다'와 같이 단편적으로 외운 단어는 언제 어떻게 써야 하는지 알 수가 없다. 차라리 미국 드라마를 반복해서 보면 단어는 끝난다. 수많은 단어들을 그냥 스쳐 지나가는 것이다. 이를 반복하다 보면, 낯설게 느껴지던 단어들이 조금씩 익숙해지기 시작한다.

미드에서 본 단어가 기억에 더 강하게 남는 것은 단어만 보는 것이 아니기 때문이다. 드라마를 보고 들으면서, 분위기, 감정, 상황, 이야기 흐름 등이 단어와 함께 내 안에 들어오기 때문이다. 또 미드에서는 반복해서 나오는 단어들이 정말 많다. 이런 단어들을 다양한 상황에서 어떻게 쓰는지 알 수 있기에 더욱 입체적인 단어 학습이 가능하다. 이렇게 익힌 단어는 언제 어디서 쓰는지 정확하게 이해하게 된다. 훨씬 오래 기억에 남는 것은 덤이다.

나도 15년 이상 영어 공부를 해 오고 있지만 상당히 게으른 사람이기 때문에 따로 단어를 모아서 외우거나 하지 않았다. 그렇게 외워 봤자 기억도 안 나고 하기도 싫다. 그런데 미국 드라마에서 봤던 단어들은 해당 장면과 감정이 결합되어 오랫동안 기억에 남고 실제 적용할 수 있게 되었다. 내가 현재 쓰고 있는 대부분의 단어들이 미국 드라마에서 보고 배운 익힌 단어들이다.

단어를 따로 많이 외운 사람들의 영어에는 공통된 특징이 있다. 이들 영어는 표현들이 굉장히 부자연스럽고 번역식 표현들이 많다. '나 밥 먹으러 가요' 하면 되는데, 이걸 '나는 식사 먹다 가다'와 같은 식으로 영어를 하는 것이다. 언어의 목적은 의사소통이라는 것을 생각해 보면 이는 굉장히 잘못된 언어학습 방식이다. 아무도 못 알아듣는 문장들을 만들어서 쓰는 것은 굉장히 잘못된 일이다. 사람들이 실제로 쓰는 표현들을 써야 하고, 그 사람들이 쓰는 방식대로 그 말을 써야 한다. 그렇기 때문에 단어를 따로 외우는 것은 아무 의미가 없다는 사실을 기억하길 바란다.

응용 언어학 연구 결과에 따르면, 800~1,000개의 단어를 외우면 일상 대화의 약 75%를 이해할 수 있다고 한다. 즉, 우리가 원하는 일상대화 수준으로 말하기 위해서는 생각보다 많은 단어가 필요한 게 아니라는 것이다. 여러분이 단어를 몇 개나 아는지 궁금하다면, 다음 테스트를 해 보자. 아는 단어를 체크하면 여러분이 대략적으로 단어를 몇 개나 알고 있는지 알려 준다.

테스트를 해 보면 아시겠지만 생각보다 여러분이 아는 단어가 많다는 사실에 놀랄 것이다. 즉, 여러분은 단어를 몰라서 영어를 못하는 게 아니다. 이제는 단어 외우는 것에 집착하지 말고 어떻게 하면 단어를 활용할 수 있는지에 초점을 맞추자.

문장을 직접 만드는 연습

대부분의 사람들은 영어로 자유롭게 말하고, 듣고 싶어 한다. 영어를 잘한다는 것의 의미는 무엇일까? 영어는 크게 읽기, 듣기, 말하기, 쓰기로 나눌 수 있다. 읽기와 듣기는 다른 사람이 만든 영어 문장을 받아들이는 것이고, 말하기, 쓰기는 내가 영어 문장을 만드는 것이다.

우리는 학창 시절에 내내 읽기, 듣기만 했다. 그렇다면 우리는 듣기, 읽기를 잘할까? 아니면 문제를 잘 푸는 것일까? 예외적인 분들도 있겠지만, 대부분의 사람들은 아는 단어로 내용을 추측해서 듣기, 읽기와 문제를 잘 푸는 것이지, 정확하게 문장 단위로 이해하는 것이 아니다. 이는 문장에 대한 이해도가 떨어지기 때문에 일어나는 현상이다. 왜 문장에 대한 이해도가 떨어질까? 문장을 만들어 본 적이 거의 없기 때문이다. 내가 문장을 잘 만들 수 있으면, 다른 사람들이 만든 문장도 쉽게 듣거나 읽을 수 있다. 하지만 내가 문장을 만들 수 없다면, 다른 사람의 문장도 단어들로 조각나서 들리거나 읽히게 된다.

이제 여러분은 영어 실력 자체를 올리는 법을 깨달았을 것이다. 학창 시절 부족했던 문장 만드는 연습을 해야 영어 실력이 상승한다. 특히 문장을 입으로 만드는 연습을 해야 한다. 말을 할 때는 쓰기보다도 더 짧은 시간에 문장을 만들 수 있어야 하는데, 실제 대화 시 더 짧은 시간 내에 말해야 대화가 매끄럽게 가능하기 때문이다.

동사 3단 변화

우리가 많이 외우는 단어 중 문장을 만들 때 가장 중요한 것은 바로 동사이다. 결국 동사가 문장을 만든다. 이런 동사를 활용할 때 반드시 접하게 되는 것이 과거형과 과거분사(p.p.)형이다.

eat - ate - eaten
buy - bought - bought
study - studied - studied

여기서 동사의 과거형과 과거분사형은 불규칙하게 변하는 경우가 꽤 있다. 그래서 모든 동사의 활용형을 다 외우기란 거의 불가능하다. 심지어 원어민들도 다 알지는 못한다. 다행인 것은 상당수의 동사들이 과거형과 과거분사형이 동일하다는 것이다. 그래서 일단 기본적으로 'ed'나 'd'를 붙이면 과거형과 과거분사형을 만들 수 있다고 생각하면 쉽다. 예외적인 것들은 절대 따로 외우지 말고, 미드를 반복해서 보면서 하나씩 천천히 익히면 좋다.

앞서 이야기했지만, 미드와 사랑에 빠지는 게 중요하다. 그렇기 때문에 이런 형식적인 부분들은 최대한 힘을 빼야 한다. 사랑이 계속 커진다면, 영어를 놓지 않게 될 것이고, 결국 동사의 변화형을 누구보다도 많이 익히게 될 것이다. 절대 따로 시간을 내서 동사 3단 변화형을 외우려고 하지 마라. 영어를 사랑하기는커녕 미워하게 될 것이다.

다양한 영단어 학습 방법

영어 단어를 암기하는 데 있어서 여러 가지 방식이 있다. 그래서 그중에서 많이 활용되는 방식에 대해서 살펴보고자 한다. 대표적으로 연상식 영어 단어 암기법이 있다. 이는 가히 천재적이다. 관련된 도서도 많고 온라인 강의도 있는데 하나의 예를 들어 보겠다.

    allow : 허락하다 [얼라우] = '올라와'라고 허락하다.
    orphan : 고아 [올펀] = '오빠'는 고아였다.

이런 학습 방식은 단기간에 정말 많은 단어를 외울 수 있다. 각종 영어 시험을 준비하는 사람들에게 희망이 된 암기법이다. 이 학습법을 통해서 수많은 사람들이 단어를 쉽게 외울 수 있게 되었다. 하지만 기억해야 하는 것이 있다. 이는 단어 암기 측면이 너무나도 강조되어 있는 학습법이다. 즉, 단어만 외울 수 있다면 무엇이든 희생하는 극단적인 방법인 것이다.

만약 여러분이 각종 영어 시험을 단기간에 봐야 한다면, 이 학습법은 유용할 수 있다. 하지만 영어로 유창하게 말하는 부분에는 거의 도움이 안 된다. 연상식 학습법이라 일단 학습자의 발음이 엉망진창이 된다. 또 단어만 외웠기 때문에 어떻게 문장을 구성해야 하는지 전혀 모르게 된다. 또 모든 단어들이 적용되지는 않기에 일부 단어들은 억지스럽게 만들기도 한다.

그렇다고 이 학습법을 마냥 비판할 수는 없다. 오히려 극악의 난이도를 자랑하는 공인 영어 시험들이 문제이다. 비정상적으로 시험을 내니 비정상적인 단어 암기법이 등장한 것이다. 만약 여러분이 정말 영어를 잘하고 싶다면, 이런 식으로 단어를 외우지 말고, 미국 영화나 드라마를 반복해서 보면서 조금씩 단어들을 익혀 나가면 된다. 사실 단어를 많이 외울 필요도 없다.

또 하나의 방식으로 단어장을 만들어서 암기하는 것이다. 내 주변에도 단어 학습을 위해서 단어장을 만드는 사람이 많았다. 하지만 이런 방식은 부담이 커서 포기할 확률이 높다. 단어장을 정리하면 당장은 뿌듯하겠지만, 이후 안 보게 될 가능성이 높다. 단어 자체를 외우는 행위는 재미가 없다. 무미건조하고 부담스러운 일을 꾸준히 하기는 어렵다. 그렇게 힘든 이 일을 해낸다고 해서 영어로 말할 수 있을까? 단어장은 공인 시험을 준비하는 경우가 아니라면 만들지 않기를 추천한다.

또한 접두어나 어근을 통해서 단어를 학습할 수도 있다. 이 역시 효율적인 학습법이긴 하지만 어근 자체가 그리스어나 라틴어에서 비롯된 것이다 보니 이해하기가 쉽지 않다. 그래서 이러한 어근이 들어간

단어들은 상당히 어려운 단어들일 가능성이 높다. 이런 단어들은 일상에서 쓰지도 않기에 굳이 영어 말하기를 위해서는 학습할 필요가 없다.

'collocation 학습법'이라고 할 수 있는 숙어 학습법도 고려해 볼 수 있다. 많이 쓰이는 형태의 숙어들을 외우는 것인데, 역시 무미건조하고 외우기 쉽지 않다. 외운다 해도 실제 문장에서 어떻게 쓰는지 모르기 때문에 효과가 좋지 않다. 미드를 반복해서 보면 자주 쓰이는 숙어들이 많이 나오는데, 차라리 이 숙어들을 자연스럽게 익히는 게 훨씬 낫다.

3장 미드 영어 학습의 핵심

세 번째 미드 보기

미드에 몰입하기

축하한다! 여러분은 벌써 같은 미드를 2번이나 봤다. 아마 생각보다 지루하지 않았을 것이라고 믿는다. 반복할 때마다 집중하는 부분이 다르기 때문에 사실 지루할 틈이 없고, 핵심 미드의 내용 자체가 워낙 탄탄하므로 재미를 느낄 수 있을 것이다. 하나 명심해야 할 것은 미드가 재미있긴 하지만 모든 사람들이 동일한 수준으로 재미를 느끼지 않을 수도 있다는 점이다. 그래서 혹시나 당장 크게 재미를 못 느끼더라도 추석마다 방영되는 특집 영화를 틀어 놓으면 아무 생각 없이 보게 되는 것처럼 그냥 보면 된다. 그럼 은근히 재미있고 조금씩 정이 들게 된다. 더군다나 몇 억이나 쓰고 해외 유학을 간 것과 같은 효과가 난다고 하면 안 할 이유가 없다.

자막

이번에도 자막은 한영자막으로 보면 된다. 그리고 절대 모르는 단어나 표현들을 사전을 찾아서는 안 된다. 계속해서 반복되는 메시지이지만, 여러분은 에너지를 아껴야 한다. 자신을 귀찮게 하거나 힘들게 하면, 실행력이 떨어진다. 매번 미드로 공부할 때마다 중간에 멈추고 사전을 찾아야 한다고 생각해 보자. 모르는 단어가 수도 없이 계속 나오기에 제대로 미드 감상을 할 수 없을 것이다. 절대 즐거움을 느낄 수가 없다. 그저 틀어 놓고 한국어 자막과 영어 자막을 비교하며 의미를 파악하는 것만으로도 충분하다. 그렇게 해도 놓치는 표현이나 단어들은 그냥 버려라. 어차피 일상 회화에서 쓰는 표현들은 반복해서 또 나온다. 계속해서 영어 공부에 실패할 요소들을 제거해 나가면서 진행해 나가야 한다. 열심히 하는 것은 미덕이 아니다. 중요한 것은 꾸준하게 조금씩 앞으로 나아가는 것이다.

지금까지 여러분은 영어 자막을 보면서 구조가 파악이 안 되어서 힘들었을 것이다. 전혀 이해가 안 되고 파악이 안 되는 것들을 보고 있기란 쉽지 않을 수 있다. 그래서 이번 장에서는 영어 문장들을 한 번에 파악할 수 있는 획기적인 문장의 규칙을 소개하려고 한다. 이는 여러분들의 영어를 영원히 바꿀 것이다. 그럼 미드를 보면서 문장들을 더욱 잘 파악하게 되며, 문법 때문에 다시는 고생하지 않아도 된다. 나는 이를 깨우치는 데 10년이 걸렸다. 그럼 시작해 보자.

문장 규칙: 1문장 = 1동사

영어를 말할 때 항상 두렵지 않은가? 내 문장이 문법적으로 맞는지 틀렸는지 불안하지 않은가? 나는 이 부분에 대해서 확신이 없었다. 나는 고등학교 2학년 겨울 방학 캠프에 간 적이 있다. 그곳에 미국인 대학생 3명이 있었는데, 당시 나는 영어에 대해 관심이 많았기 때문에 그들과 많은 시간을 보냈다. 그런데 그들과 이야기를 하던 중 몇몇 이상한 점들을 발견할 수 있었다. 내가 문법에 대해서 물어보면 이들은 하나같이 대답을 못 했던 것이다. 그들은 영어를 잘했지만 자신들이 영어를 왜 그렇게 쓰는지를 자세히 설명하지 못했다. 당시 나에게는 충격이었다. 나는 그때까지만 해도 내가 문법을 잘 몰라서 영어 실력이 정체되어 있다고 생각했다. 그래서 문법을 열심히 공부해서 마스터하면 영어를 유창하게 미국 사람들처럼 잘할 수 있을 거라고 생각했다. 그런데 정작 미국 사람, 그중에서도 지식수준이 높다고 하는 대학생들도 내 관점에서는 문법을 잘 모르는 것처럼 보였다.

또 내 머릿속에는 문법이 제대로 정리되어 있지 않았기에 영어로 말을 하려고 할 때마다 이런 복잡한 문법들을 고려하느라 시간이 오래 걸렸다. 그런데 그들은 한 치의 망설임도 없이 바로바로 영어를 뱉었다. 뭔가 문법을 단순하고 간단하게 알고 있는 것 같았다. 복잡하게 알고 있었다면 말하는 데 시간이 오래 걸렸겠지만, 이들은 굉장히 빠른 속도로 말을 했다. 당시 나는 이들이 한국 사람은 모르지만, 아주 간단하고 쉬운 문법의 핵심을 알고 있음을 직감했다. 그래서 그 이후로 나는 그것에 탐구하기 시작했고 그렇게 수년간을 헤맨 끝에 바로 한 문장에는 단 하나의 동사만 존재한다는 원칙이 핵심임을 파악하게 되었다.

영어의 모든 문법은 이 원칙에서 파생되었다. 이것만 알고 있으면 문장을 만드는 데 어려움이 없다. 정말 1초도 안 되는 시간 안에 완벽한 문법의 문장을 만들어 낼 수 있는 것이다. 여러분이 이 책을 읽으면서 '1문장 = 1동사'라는 개념만이라도 건질 수 있다면 그것만으로도 책값 이상의 가치를 가져간다고 생각한다. 이 원칙을 통해 영어 문법을 끝내버리자. 문법에 대한 평생의 한을 풀어드리겠다.

제발 문법 용어는 보지 말아라. 그냥 'to', 'ing', 'p.p.'만 보면 된다. 이 규칙 하나만으로도 그동안 여러분을 괴롭히던 문법에 대해서 완전히 이해할 수 있다. 위의 3단어를 동사에 붙이면 그 동사는 죽는다. 이것들이 존재하는 이유는 동사를 죽이기 위해서인 것이다. 하나의 문장에서는 동사가 하나만 있어야 하기 때문이다. 'ing' 형태는 '현재분사' 또는 '동명사'라는 이름을 갖고 있다. 특히 'ing'는 '~중이다'라는 의미로 많이 쓰인다.

ing(현재분사)로 동사 죽이기

I am eat   (X)
동사 동사

=나는 이다 먹는다

↓

I am eat**ing**. (O)
동사 **형용사**

= 나는 **먹는 중**이다.

ing(동명사)로 동사 죽이기

Eat is good   (X)
동사 동사

=먹는다는 좋다

↓

Eat**ing** is good. (O)
명사 동사

= **먹는 것**은 좋다.

같은 원리로 'to'를 동사 앞에 붙이면 그 동사는 죽는다. 역시나 '1문장 = 1동사'의 법칙이 적용된다. 'to'로 동사를 죽이면 '미래'의 의미가 생긴다. 더 이상 'to부정사'를 복잡하게 생각하지 말자. 동사 앞에 'to'를 붙여서 그냥 동사를 죽인 것뿐이다. 'to'는 동사를 죽여서 명사, 형용사, 부사로 만든다.

to(부정사)로 동사 죽이기

I want go   (X)
동사 동사
=나는 원한다 간다

↓

I want to go. (O)
동사   명사
= 나는 가기를 원한다.

'love'라는 동사를 'p.p.'형으로 죽이면 'loved'가 된다. 왜 죽였는가? 하나의 문장에는 하나의 동사만 있어야 하기 때문이다. 그러면 문장에는 동사 'am' 하나만 남게 된다. 즉, 완벽한 문장이 되는 것이다. 보통 동사 뒤에 'ed'를 붙이면 'p.p.'형이 되어 죽는다. 그리고 이는 '수동'의 의미를 갖는다. 'p.p.'의 품사는 형용사이다. 즉, 동사가 죽어서 형용사가 된 것으로 파악하면 된다.

p.p.(과거분사)로 동사 죽이기

I am love   (X)
　　동사　동사
=나는 이다 사랑한다

↓

I am **loved**. (O)
　　동사　형용사
= 나는 **사랑 받는다**.

이게 전부이다. 이것만 알면 문법 때문에 고생할 일이 없다. '1문장 = 1동사'라는 원칙만 지키면 기본적인 문장을 만드는 데 있어서 오류를 크게 줄일 수 있다. 문장에 동사가 없으면 넣으면 되고, 동사가 2~3개 나오면 동사 하나만 남기고 나머지 동사들을 죽이면 그만이다.

1문장 = 1 동사 연습

그러면 이제 이 원칙을 활용해서 실전에 적용해 보자.

I have been eating. 나는 그동안 먹는 중이었다.
　동사　p.p.　ing

이 문장은 '현재완료진행'이라는 말도 안 되게 어려운 이름을 가진 문법이다. have라는 동사가 있으니 나머지 뒤에 나오는 동사들을 다 죽여야 한다. 그래서 been(be동사를 p.p.로 죽인 형태), eating(eat

을 ing로 죽인 형태) 이렇게 뒤에 나오는 2개의 동사들을 죽인 것이다.

I have been trying to go home to study.
동사   p.p.   ing to   to
나는 그동안 집에 가서 공부하려고 노력하는 중이었다.

이 문장도 앞에 have라는 동사가 있고, 나머지를 다 죽인 것이다. been(be동사를 p.p.로 죽인 형태), trying(try를 ing로 죽인 형태), to go(go를 to로 죽인 형태), to study(study를 to로 죽인 형태)가 된 것이다. have라는 동사를 제외하고 나머지 4개의 동사들을 모두 죽였다.

이제 문법을 간단하게 해치웠다. 정말 1초 만에 문법에 맞는 문장을 만들 수 있는 틀이 여러분에게 생긴 것이다. '1문장 = 1동사'는 매우 중요하다. 단순하고 간단할수록 훌륭한 것이다. 이 규칙으로 문법 지옥에서 벗어나길 바란다.

다시 한번 말하지만, 문법 공부를 자세하게 하지 말아라. 여러분은 문법학자가 되고 싶은가? 아니면 영어를 유창하게 말하고 싶은가? 우리는 영어를 사용하는 데 초점을 맞춰야 한다. 문법은 간단하게 만들어서 사용하기 좋게 만드는 것이 가장 좋은 방법이다. 말하기는 1초도 안 되는 시간에 이루어진다는 사실을 명심해라. 1초 만에 그 수많은 문법을 고려해서 문장을 만드는 건 불가능하다.

듣기

자막을 영어로 바꾸는 순간 아마 하나도 들리지 않을 것이다. 많은 사람들이 여기서 당황하게 되는데, 사실 하나도 들리지 않는 것은 당연한 것이다. 절대 걱정하지 않아도 된다.

우리가 듣기가 안 되는 데는 크게 2가지 이유가 있다. 첫 번째 이유는 우리가 문장 발음에 익숙하지 않기 때문이다. 우리가 영어 교육을 받은 것을 생각해 보자. 매일 단어나 외우던 우리가 어떻게 엄청난 속도로 지나가는 수많은 문장들을 알아들을 수 있겠는가? 단어 발음과 문장 발음은 다르다. 우리는 각 단어의 발음조차 완벽하게 아는 것도 아니다. 문장 발음은 해 본 적이 없기 때문에 당연히 안 들린다. 문장 발음을 연습하는 것은 어렵지 않다. 그냥 소리에 집중하면서 쉐도잉을 하면 된다. 쉐도잉에 대해서는 다음에 자세히 다루도록 하겠다.

안 들리는 두 번째 이유는 단어나 표현 자체를 몰라서이다. "Nice to meet you.", "How are you?", "How much is it?"과 같은 문장들은 대부분 잘 들린다. 이미 익숙한 표현들이기 때문이다. 그래서 많은 표현과 단어를 알면 이 문제는 해결이 된다. 그렇다면 어떻게 많은 단어 및 표현을 익힐 수 있을까? 미드를 반복해서 보면 자동으로 해결되는 문제이다. 따로 외우려고 하지 않아도 반복하면 저절로 외워진다.

더군다나 그 단어나 표현들이 쓰이는 상황도 볼 수 있고, 등장인물들의 분위기 및 감정 상태 등을 관찰하면서 표현들을 배우기에 훨씬 더 깊이 있게 의미를 파악하게 된다. 그만큼 실전 상황에서 정확하게 사용할 수 있게 된다는 것이다.

영어가 느는 과정

나는 운전을 못한다. 처음에 도로에서는 기어를 넣는 게 너무 신경이 많이 쓰였다. 그래서 운전하는 내내 기어 넣는 것만 생각하면서 운전을 했다. 특히 클러치를 밟으면서 기어를 부드럽게 변속하는 게 쉽지가 않았다. 시동이 꺼질 때도 많아서 모든 신경을 그곳에 집중하였다. 그렇게 시간이 좀 지나자 기어는 신경 쓰지 않아도 잘 넣을 수 있게 되었다. 기어를 잘 넣자, 이번에는 차선이 눈에 들어오기 시작했다. 내가 공간 감각이 없기 때문에 차선을 지키는 게 쉽지 않았다. 그래서 그때부터는 어떻게 하면 차선을 잘 지킬 수 있는지 신경을 쓰면서 운전하기 시작했다. 차선을 잘 지킬 수 있게 되자 그 다음에는 커브 길을 돌 때 어떻게 하면 안정적으로 돌 수 있는지를 연습하기 시작했고, 이후에는 어떻게 하면 연비가 잘 나오게 운전할 수 있는지를 연습하기 시작했다. 급출발이나 급정지하지 않고 부드럽게 운전을 하기 시작한 것이다.

자동차를 운전한다는 것은 사실 특별할 게 없는 반복되는 경험이다. 하지만 우리는 한 번에 하나밖에 신경을 쓰지 못한다. 그래서 똑같은 운전을 계속해도 신경을 써서 발전시키는 부분은 그때마다 다른 것이다. 그렇기 때문에 똑같은 운전을 반복하는 거 같지만 반복할 때마다 점점 좋아지는 부분이 하나씩 늘어난다. 미드를 보는 것도 마찬가지다. 처음 볼 때는 자막 보기에 바쁘다. 무슨 뜻인지를 모르니 자막을 열심히 보면서 미드를 보게 된다. 그런데 똑같은 미드를 두세 번 정도 보면 한국어 자막은 거의 다 외울 지경이 된다.

그 다음에는 자연스럽게 영어 자막을 틀어서 보게 되고, 또 영어 자막을 보느라 정신이 없다. 이렇게 영어 자막도 반복해서 보다 보면 자연스럽게 외우게 되고 어렵지 않게 된다. 그 이후에 보이는 것이 특정 단어들이다. 익숙하지 않은 단어들이 조금씩 신경 쓰이기 시작한다. 그 단어 및 표현들마저도 반복을 하면 익숙해지고 외우게 되면 또 여유가 생기게 된다.

그 후에는 등장인물들이 말하는 발음에 신경이 쓰이기 시작한다. 등장인물들의 발음을 들으면서 내가 알고 있는 영어 발음과 다른 부분들이 보이기 시작한다. 그것도 몇 번 반복하다 보면 다 캐치가 된다. 그러고 나서는 억양과 강세가 보이기 시작한다. 전체적으로 문장을 말할 때 미국 사람들 특유의 억양과 강세가 느껴지기 시작하는 것이다. 또 좀 더 보다 보면 미국 사람들이 많이 쓰는 문장들이 보이기 시작한다. 매 화마다 계속 나오는 특정 문장 형태들이 있다. 우리가 많이 알고 있는 'I wanna', 'I am going to'와 같은 것들은 수없이 많이 나오고 이렇게 많이 나오는 표현들이 점점 쌓이기 시작한다.

우리가 영어에 쓸 수 있는 의지력은 얼마 안 되지만 그 의지력을 동일한 미드를 반복해서 보는 데 썼을 때 점점 더 깊이 있게 미드를 이해하기 시작하고 영어에 대한 이해도가 깊어진다. 그 효과는 해 본 사람들만 안다. 이것이 우리의 제한된 의지력을 가장 즐겁고 효과적으로 쓸 수 있는 방법이라고 생각한다.

미드를 완벽하게 익히려고 달려드는 것은 자살 행위이다. 미드 한 편에 들어 있는 학습량은 무한대에 가깝다. 여러분의 한정된 의지력은 무한한 학습량을 가진 미드 앞에 쓰러질 것이다. 매번 이렇게 되면, 다음

편으로 넘어갈 수가 없다. 그럼 추진력 자체가 생기지 않는 것이다. 추진력 없이는 여러분은 넘어지게 될 것이다.

  한 번에 하나씩만 신경을 쓰면서 편안하게 미드를 보는 게 훨씬 강력한 공부 방법이다. 어려운 표현 및 단어들을 내 것으로 만들려고 하지 말고 그냥 보내 줘라. 가끔 이해 안 되는 표현이나 단어는 한국어 자막이랑 대조해서 파악하면 된다. 아니면 그냥 모른 채로 넘어가도 좋다. 차라리 대충 미드를 보면서 쭉 진도를 나가는 것도 방법이 될 수 있다. 역설적으로 불완전한 실행이 여러분을 완벽한 영어 실력으로 나아가게 해 줄 수 있다. 완벽한 실행은 제대로 시작도 하기 전에 여러분을 쓰러뜨릴 수 있다.

네 번째 미드 보기

절반의 성공

세 번까지 미드를 본 자신에게 박수를 쳐 주자. 같은 내용을 세 번 반복하는 것은 쉽지 않다. 하지만 지금까지 성공했다면 앞으로도 계속 나아갈 것이고 평생 영어로부터의 자유도 머지않았다. 여기까지 오면서 미드를 그냥 명절 특집 영화를 틀어 놓고 보는 것처럼 해 왔다면 그것만으로도 절반의 성공이다. 만약 여러분이 선택한 드라마가 사랑스럽고 이제는 정이 들었다면, 이것은 앞으로 큰 재산이 될 것이다.

자막

이번에도 자막은 한영자막으로 보면 된다. 혹시 한국어 자막을 끄고 영어로만 보고 싶은 생각이 들 수도 있다. 드라마 내용을 한국어로 완벽하게 외운 수준이라면, 더 이상 한국어가 필요 없다. 하지만 아직은 완벽하게 내용을 아는 게 아니기 때문에 한영자막을 틀어 놓는 게 좋다. 특히 단어나 표현을 한국어와 대조해서 익히는 것은 상당히 효과적이기 때문에 웬만하면 계속해서 한영자막을 틀어 놓기를 바란다. 자막을 끄는 것은 자막이 필요 없을 때 하는 것이다. 아직 자막이 필요하다면 자막을 끄면 안 된다.

중간중간 의미를 잘 모르는 단어나 표현은 한국어 자막을 대조해서 보면 된다. 그런데 자막을 봐도 모르는 경우가 생기기 마련이다. 이때 주의해야 할 것이 있다. 의무감에서 단어를 사전에서 찾는 행위는 하면 안 된다. 의무감으로 하는 행위는 여러분에게서 에너지를 빼앗아 간다. 이렇게 계속 누적이 되면, 미드 보는 일이 점점 힘들어지고 결국 포기하게 된다.

만약 순수하게 드라마의 주인공이 말하는 대사에 대해 알고 싶다면, 그 단어를 찾아보는 것은 큰 기쁨이 된다. 즐거워서 한다면 지속해서 미드로 영어 공부를 할 수 있게 된다. 의지가 강한 한국인들은 이 말을 가볍게 듣는다. 그렇기 때문에 나만 살아남은 게 아닌가 하는 생각이 들기도 한다.

만약 아직도 드라마에 대한 애정이 부족하다면, 절대 단어나 표현을 찾아보지 말아라. 재미도 없는데, 단어까지 찾아야 하면 최악이다. 이때는 정을 키우는 데 집중하고 캐릭터에 몰입하는 게 중요하다. 그러다 보면 모르는 단어나 표현을 놓치게 되는 경우도 있는데 이것은 어쩔 수 없이 받아들여야 한다. 물론 이해가 안 되고 의미를 모르는 것들을 그냥 넘어가는 것이 쉽지는 않다. 하지만 이런 부분에 대해서 마음을 내려놓으면 좀 더 편하게 미드를 시청할 수 있다. 다시 말하지만 미드는 반복이 핵심이다. 나머지는 모두 부수적인 것들이다. 한영자막 대조를 해도 이해가 어려운 단어들은 그냥 놔 줘야 한다.

듣기

벌써 네 번째 미드를 보기 때문에 드라마 자체는 많이 익숙해졌을 것이다. 따라서 좀 더 여유 있게 미드를 감상할 수 있을 것이다. 이때쯤 되면 처음 봤을 때보다 드라마의 대사 속도가 느리게 들릴 수 있다. 실제로 영어는 아는 만큼 들리기 때문에 한국어 자막과 영어 자막을 보면서 몇몇 쉬운 표현들과 단어들은 익숙해져서 이미 여러분 안에 들어와 있을 것이다. 이런 것들은 반드시 들리게 된다. 이것이 바로 듣기 실력이 느는 과정이다.

앞으로 계속 반복하면 쉬운 표현들은 더는 신경을 안 써도 될 정도가 된다. 그래서 점점 어려운 단어 및 표현도 신경 써서 볼 수 있는 여유가 생긴다. 그렇게 되면 더 어려운 표현 및 단어도 익히게 되고 안 들리던 대화도 들리게 된다.

문장 규칙

앞서 '1문장 = 1동사'라는 개념을 설명했다. 동사가 얼마나 문장에서 중요한지 깨달았을 것이다. 그럼 이번에는 동사라는 것을 획기적으로 간단하게 파악해 보자.

1문장 = 1동사

대화 시 영어 문장은 크게 세 종류가 있다.
긍정, 부정, 질문.
이때 동사가 움직이게 되는데,
이 움직임에 따라 동사 전체를 딱 두 팀으로 나눌 수 있다.

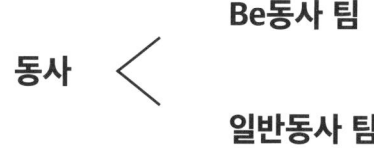

동사 〈 **Be동사 팀**

　　　　일반동사 팀

쉽게 생각하면 모든 동사는 움직임을 기준으로 Be동사팀과 일반동사팀으로 구분할 수 있다. Be동사팀은 'Be동사', '조동사', 'have p.p.'로 나뉜다고 보면 된다.

Be동사 팀	일반동사 팀
Be동사: am, are, is, was, were	**나머지 모든 동사들**

Be동사팀과 일반동사팀에서 가장 큰 차이는 바로 do이다. 여기서 do는 동사가 아니다. 이는 '대동사'로 동사 대신 부정 질문을 해 주는 졸병 정도로 보면 된다.

Be동사 팀	일반동사 팀
부정: not **질문**: 동사 문장 **앞**으로	**부정**: don't **질문**: **Do** 문장 **앞**으로
긍정: I am happy. 부정: I am *not* happy. 질문: *Am* I happy?	긍정: I eat pizza. 부정: I *don't* eat pizza. 질문: *Do* I eat pizza?

결국 대화를 할 때 동사 자체를 움직이냐, 아니면 대신 do를 움직이느냐에 따라서 모든 동사들이 두 종류로 나뉘는 것이다. 이게 전부이다. 간단한 연습을 해 보자.

Buy = 사다(동사)

너는 김치를 (일반적으로) 사니?

→ Do you buy Kimchi?

나는 김치를 (일반적으로) 안 사.

→ I don't buy Kimchi

나는 김치를 (일반적으로) 사.

→ I buy Kimchi.

여기서 Buy는 일반동사이기 때문에 Do를 활용해서 문장들을 만들어야 한다.

Sad = 슬픈(동사 X)

너는 슬프니?

→ Are you sad?

나는 안 슬퍼.

→I am not sad.

나는 슬퍼.
→I am sad.

'sad'는 동사가 아니다. 그래서 'I sad'와 같은 식으로 쓰면 안 된다. 이러면 문장에 동사가 없으니 오류이다. 그래서 두 단어 사이에 Be동사를 추가해서 "I am sad."로 해야 '1문장 =1동사' 규칙을 지킬 수 있다. Be동사와 일반동사는 의미에서도 차이가 있기에 구분하는 것이 정말 중요하다.

Be동사	일반동사
~ 상태이다	(평상시에, 일반적으로) ~하다
I am happy. = 나는 행복한 상태이다. **I am in Korea.** = 나는 한국에 있는 상태이다.	**I eat pizza.** = 나는 (평상시에) 피자를 먹는다. **I work hard.** = 나는 (평상시에) 일을 열심히 한다.

그럼 우리는 이제 영어로 대화를 할 수 있는 실력을 갖췄다. 이것만 잘 지켜도 간단한 대화들은 다 할 수 있다.

마음 자세

"어떻게 하면 영어를 잘할 수 있나요?" 이 질문은 내가 어디를 가나 항상 받는 질문이다. 나는 이런 질문을 받을 때마다 항상 미드를 반복해서 많이 보라고 답한다. 그런데 내가 이렇게 답하면 사람들은 모두 하나같이 기본기가 부족해서 먼저 기본적인 공부가 중요한 것 아니냐고 반문한다. 어떤 사람은 단어, 어떤 사람은 문법, 어떤 사람은 발음을 먼저 공부하고 싶다고 이야기한다. 이는 굉장히 합리적인 생각이다. 학습에서 기초를 공부하는 것은 굉장히 중요하기 때문이다. 하지만 내 경험상 이러한 생각은 도움이 되지 않는데, 대부분 실패할 가능성이 아주 높기 때문이다.

나는 초등학교 때 피아노를 배웠다. 나는 바로 멋진 베토벤 곡을 치고 싶었다. 멋지게 사람들 앞에서 연주를 하고 싶었다. 하지만 피아노 학원에 가면 선생님은 하농, 체르니, 연습곡 등 기초 수업만 했다. 이런 학원 생활은 지루하기 짝이 없었고 전혀 흥미가 생기지 않았다. 그래도 엄마가 돈을 내고 나를 학원에 보내 주셨으니 꾹 참고 의무감으로 학원을 다녔다. 그렇게 기초만 6년을 하다가 끝났다. 과연 내 피아노 실력은 어땠을까? 단 한 곡도 연주할 수 없었다.

그렇게 학원을 그만두고 중학교 2학년 때였다. 우연히 여학생들이 피아노를 잘 치는 남자를 좋아한다는 걸 알게 되었고, 그 순간부터 여학생들의 마음을 훔칠 수 있는 감미로운 피아노 곡을 연습하기 시작했다. 유명 피아니스트의 피아노곡이었는데, 내가 들어도 너무 감미로웠다. 연습하는 과정 내내 너무 즐거웠다. 그렇게 피아노에 대한 애정이 커지면서 나도 모르게 더 잘 치고 싶은 마음이 들었고, 더 잘 칠 수 있는 방법을 찾기 시작했다. 의무감은 하나도 없었다. 오히려 즐거운 호기심만 가득했다.

그렇게 피아노에 대한 관심이 커지고 더 연주를 잘할 수 있는 방법을 모색하던 중 내가 새끼손가락이 힘이 약하다는 것을 알게 되었다. 그래서 새끼손가락 힘을 키울 수 있는 하농 기본 연습을 하게 되었다. 기초 훈련은 더 이상 지루하지 않았다. 오히려 내가 좋아하는 피아노를 더 잘 칠 수 있다는 생각에 신이 났다. 그렇게 점점 피아노에 대한 애정은 커져 갔고 그럴수록 더 기본기들을 훈련하며 급기야 베토벤 곡까지도 연주하게 되었다.

누구든 기초를 배우고 싶은 사람은 없다고 생각한다. 기초 먼저 공부하는 것이 이상적이기는 하다. 하지만 영어를 시작하려고 할 때는 영어에 대한 애정이 작을 때이다. 이때 지루한 기초를 강요하면 그 작은 애정마저 죽어 버린다. 먼저 영어에 대한 사랑을 키워 나갈 수 있도록 그냥 미드를 재미있게 보는 게 중요하다. 이렇게 점점 애정이 커지면, 기초적인 부분에 대한 갈증과 호기심이 생기기 시작한다. 영어를 사랑하는 마음을 키워야 기초를 공부할 수 있고 그래야 성공할 수 있다.

또 미드를 즐겁게 반복해서 보다 보면 자연스럽게 기초 단어, 표현, 문장을 외우게 된다. 이렇게 조금씩 기초적인 실력이 상승하게 된다. 그래서 가장 중요한 것은 기초를 생각하지 말고 지금 당장 즐기면서 시작하는 것이 가장 좋다. 이렇게 애정도 키워 나가고 기초도 조금씩 키워 나가길 바란다.

동서양의 차이점

보통 동양에서는 '우리'가 중요하고 서양에서는 '나'가 중요하다고 한다. 좀 더 확대해서 보면, 동양에서는 우리, 가족, 집단 등의 '배경'을 중시하는 경향이 있고 서양에서는 좀 더 '개인화'에 초점을 두고 있다. 이런 동서양의 다른 사고방식이 어떠한 차이를 만들었는지 알아 보자.

사람들의 이름을 보면 한국, 중국, 일본에서는 성(배경)이 먼저 나온다. 그리고 이름이 나중에 나온다.

시 진핑: 习(성) 近平(이름)

이시바 시게루: 石破(성) 茂(이름)

이재명

서양에서는 개인을 구분하는 '이름'이 먼저 나온다. 그 다음에 그 사람의 배경, 즉 '성'이 나온다.

Donald(이름) Trump(성)

Michael(이름) Jordan(성)

사람뿐만이 아니라 다른 영역에서도 이런 인식은 동일하게 적용이 된다. 대부분의 유럽 국가에서는 날짜를 이야기할 때 '30/01/2023'과 같이 표기한다. 가장 작은 개념인 날짜가 먼저 나오게 된다. 그 다음에 그 날짜가 속한 월이 나오고 마지막으로 연도가 나온다. 즉, 가장 작은 개념인 오늘 날짜가 가장 중요하다는 것이다.

우리나라의 날짜 표기 방식은 유럽과는 정반대이다. '2023/01/30' 과 같이 표기하는데 연도가 가장 앞에 나옴을 알 수 있다. 연도가 가장 앞에 있다는 것은 날짜보다도 그 날짜가 속한 배경이 중요함을 알 수 있다.

주소를 쓸 때도 마찬가지다. '161 Sajik-ro, Jongno-gu, Seoul, South Korea'처럼 서양에서는 주소의 작은 단위가 먼저 나온다. 그 후 점차 작은 배경에서 큰 배경인 국가까지 나가게 된다. 하지만 한국에서는 '대한민국 서울특별시 종로구 사직로 161'과 같이 가장 큰 배경인 국가가 먼저 나오고 그 후 작은 개념순으로 나가게 된다.

개인을 처벌하는 방식에서도 동서양은 서로 다른 모습을 보인다. 동양에는 연좌제라는 것이 있다. 연좌제는 한 사람이 잘못을 하면 가족 전체가 벌을 받는 것을 말한다. 동양의 역사에서는 연좌제를 심심찮게 찾아볼 수가 있다. 선덕여왕 시절, '여왕은 나라를 잘 다스릴 수 없다' 하여 비담이란 사람이 반란을 일으켰다. 이에 김유신 장군이 반란군을 진압했고, 비담을 잡아 처형했다. 이후 비담의 구족을 멸하였다고 한다. 구족은 고조부, 증조부, 조부, 아버지, 자신, 아들, 손자, 증손, 현손을 말한다. 즉, 그 가문을 완전히 없애 버린 것이다.

잘못은 비담이 했는데, 그 가족은 무슨 죄란 말인가? 동양에서는 그 개인이 잘못을 하면, 그 가족이 문제라고 생각했던 것이다. 잔혹하지만, 이 사례를 통해서 동양 사람들이 개인과 가문에 대해 어떻게 생각했는지를 알 수 있다.

그렇다면 서양에서는 반역자를 어떤 방식으로 처벌했을까? 서양에서는 놀랍게도 고대부터 연좌제는 금지되어 있었다고 한다. 앙리 4세의 암살 사건을 보도록 하자. 1610년 5월 14일 앙리 4세는 마차에 들어온 암살범에 의해 암살을 당했다. 프랑수아 라바이약이라는 사람이 대왕의 마차에 올라 그를 칼로 두 번 찔러 살해한 것이다. 앙리 4세는 프랑스에서 유일하게 대왕이라는 칭호를 받은 두 왕 중의 한 명이다. 이런 왕을 죽인 암살범의 가족은 어떻게 되었을까? 결론부터 말하면, 프랑수아 라바이약의 가족은 아무도 형사 처벌을 받지 않았다. 다만 라바이약의 부모는 프랑스에서 강제 추방을 당했다. 남은 가족들은 '라바이약'이라는 성을 쓰지 않는 조건으로 강제 추방을 면했다고 한다. 서양에서는 개인이 잘못을 했을 때는 개인의 문제일 뿐이지, 그 개인의 배경(가문)은 크게 문제 삼지 않는다는 것을 알 수 있다.

언어에 나타나는 동서양의 다른 사고방식

이런 동서양의 다른 사고 방식이 언어에서도 나타난다. 여기서 여러분은 한국인, 중국인, 일본인들이 영어를 배우는 게 왜 그렇게 힘든지 알 수 있게 될 것이다. 먼저 전 세계 언어를 분석해 보면 크게 두 종류로 나눌 수 있다.

먼저 한국어처럼 주어(Subject), 목적어(Object), 동사(Verb) 순서로 사용되는 언어가 전 세계 언어 중 45%이다. 대표적인 언어로는 한국어, 힌디어, 일본어, 터키어, 미얀마어 등이 있다.

나는 사과를 먹는다.
　　S　　O　　V

　반면에 영어처럼 주어(Subject), 동사(Verb), 목적어(Object) 순서의 언어는 42%라고 한다. 대표적인 언어들은 중국어, 영어, 프랑스어, 이탈리아어, 포르투갈어, 스페인어 등이 있다.

　나는 먹는다 사과를
　　S　　V　　O

　대체적인 추세를 보면 서양 언어는 동사가 앞쪽에 나오고, 동양 언어는 뒤쪽에 나온다. 특이한 건 중국어가 영어랑 어순이 같다는 것이다. 그렇다면 중국 사람들이 영어를 잘할까? 내가 중국에 1년간 살면서 많은 도시들을 돌아다녀 봤지만, 오히려 한국인보다 영어를 못하는 경우가 더 많았다. 한국인과 일본인은 어순이 다르기에 영어를 못한다고 치자. 그렇다면 왜 중국인들은 어순이 동일한 영어를 잘하지 못 하는 것일까?

한중일이 영어를 배우기 어려운 이유 ❶ : 배경 우선인 언어적 특성

동양에서는 개인보다는 배경이 중요하다는 것을 앞서 언급했다. 그래서 동양에서는 문장을 만들 때도 배경이 먼저 나온다.

    한국어   나는 오늘 집에서 물을 마신다.

오늘(시간적 배경), 집에서(공간적 배경)라는 배경이 먼저 나오고 그다음 개인이 무엇을 하고 있는지가 나온다. 반면 영어에서는 개인을 중시하기 때문에 개인과 개인의 행동이 먼저 나온다.

    한국어   나는 오늘 집에서 물을 마신다.
    영어   I drink water at home today.

'나는 마신다'를 먼저 말하고 나서 at home(공간), today(시간)라는 배경을 이야기한다. 일본어도 한국어처럼 배경이 먼저 나온다.

    일본어   私は今日家で水を飲みます。
    한국어   나는 오늘 집에서 물을 마신다.
    영어   I drink water at home today.

중국어도 어순은 영어와 같지만 배경이 먼저 나온다는 점에서 동양적 언어의 특성을 보여준다.

중국어	我今天在家喝水。
일본어	私は今日家で水を飲みます。
한국어	나는 오늘 집에서 물을 마신다.
영어	I drink water at home today.

따라서 단순히 중국어 어순이 영어랑 같다고 해서 영어를 쉽게 배울 수 있다고 생각하는 것은 오류이다. 배경을 먼저 떠올리는 중국인들은 영어처럼 동사를 먼저 뱉기가 쉽지 않다.

서양의 언어는 개인을 중시한다. 그래서 개인이 무엇을 했는지를 먼저 말하고 배경을 말하는 경향이 있다. 독일어, 프랑스어, 스웨덴어, 네덜란드어 등의 언어들도 배경이 나중에 나온다.

중국어	我今天在家喝水。
일본어	私は今日家で水を飲みます。
한국어	나는 오늘 집에서 물을 마신다.
영어	I drink water at home today.
독일어	Ich trinke heute zu Hause Wasser.
프랑스어	Je bois de l'eau à la maison aujourd'hui.
스웨덴어	Jag dricker vatten hemma idag.
네덜란드어	Ik drink vandaag thuis water.

한중일이 영어를 배우기 어려운 이유 ❷ : 개인에 따른 동사 변화

영어는 사람에 따라 동사가 모양이 바뀌는 경향이 있다. 하지만 아래와 같이 한중일의 언어는 사람에 따른 동사 변화가 없다.

I am drinking water.   나는 물을 마시는 중이다.
You are drinking water. 너는 물을 마시는 중이다.
She is drinking water. 그녀는 물을 마시는 중이다.

I am drinking water.   私は水を 飲んでいます.
You are drinking water. あなたは水を 飲んでいます.
She is drinking water. 彼女は水を 飲んでいます.

I am drinking water.   我在喝水.
You are drinking water. 你在喝水.
She is drinking water. 她在喝水.

서양에서는 개인을 중시하는 문화가 있다고 했다. 그래서 사람에 따라 동사를 구별해서 쓸 필요를 느낀 것이다. 하지만 한국어, 중국어, 일본어와 같은 동양에서는 개인에 따른 동사 변화가 존재하지 않는다. 개인이 크게 중요하지 않은 문화이기에 동사로 구별할 필요를 느끼지 못한 것으로 볼 수 있다.

Languages →	English	Italian	Spanish	French	German	Dutch	Lithuanian
Infinitives →	To be	Essere	Ser	Être	Sein	Zijn	Buti
1st person	I am	Io sono	yo soy	je suis	ich bin	ik ben	As esu
2nd person	you are	tu sei	tú eres	tu es	du bist	jij bent	Tu esi
3rd person	he/she is	egli è	él/ella es	il/elle est	er/sie ist	hij/zij is	Jis/ji yra
4th person	we are	noi siamo	nosotros somos	nous sommes	wir sind	wij zijn	Mes esame
5th person	you are	voi siete	vosotros sois	vous êtes	ihr seid	jullie zijn	Jus esate
6th person	they are	essi sono	ellos son	ils sont	sie sind	zij zijn	Jie/jos yra

위의 표를 보면 알 수 있지만, 영어는 사람에 따른 동사 변화가 쉬운 편에 속한다. 스페인어, 프랑스어, 리투아니아어는 사람을 6종류로 구분하고 동사 모양이 모두 다르다.

한중일이 영어를 배우기 어려운 이유 ❸ : 긍정, 부정, 질문

사람의 대화는 질문과 대답으로 이루어져 있다. 그래서 대화를 잘 분석해 보면 긍정, 부정, 질문으로 대부분 이루어져 있다. 그렇다면 영어로 유창하게 대화를 잘하기 위해서는 긍정, 부정, 질문을 어려움 없이 빠르게 쓸 수 있어야 한다.

그런데 유감스럽게도 영어로 긍정, 부정, 질문을 하는 것이 상당히 복잡하다. 특히 한국 사람들에게는 이게 매우 어렵다. 이게 얼마나 어려운지 확인해 보도록 하자.

I drink water.   나는 물을 마셔.
I don't drink water.   나는 물을 안 마셔.
Do you drink water?   너는 물을 마셔?

질문시 Do 앞으로 이동

하나의 문장을 가지고 부정문과 질문문으로 변경하는 과정에서 한국어보다 영어에서 변화가 더 많이 일어남을 알 수 있다. 특히 질문문에서 Do 혹은 동사가 문장 앞으로 나가게 된다. 서양에서는 질문하는 것이 정말 중요한 일이다. 질문을 통해 비판적 사고를 키워 독립적인 생각을 할 수 있는 게 중요한 것이다. 중요한 것은 보통 문장 앞쪽에 나온다. 이렇게 질문이 중요하니, 동사를 문장의 앞으로 보내는 것이다.

하지만 한국어에서는 이런 동사의 움직임은 없다. 실제로 한국 사람들은 영어로 질문하는 것을 가장 어려워한다. 긍정문에서 말꼬리만 올려도 어느 정도 소통은 되지만 이게 맞는 표현은 아니다. 이 부분은 Do 혹은 동사를 앞으로 빼는 연습을 따로 해야만 유창하게 질문을 만들 수 있는 것이다. 하지만 지금까지 이것을 따로 연습하는 사람을 거의 본 적이 없다.

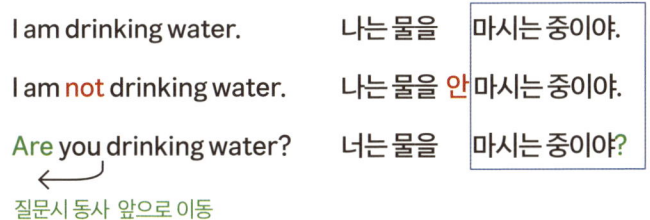

이렇게 Be동사를 쓰는 경우에는 좀 더 어렵다. 'am'이라는 형태를 써서 내 이야기를 하다가 상대에게 질문을 할 때는 'Are you' 하고 질문이 되는 것이다. 이 부분은 더 많은 연습이 필요하다. 반면 한국어는 말꼬리만 올리면 질문이 된다. 그래서 훈련이 안 된 상태에서 영어로 질문을 하려면 대부분 쩔쩔맨다.

   3인칭에 대해서 이야기할 때는 더 어려워진다. 한국어에서는 3인칭으로 변경되어도 동사가 바뀌진 않는다. 하지만 영어는 다르다. 먼저 나(1인칭), 너(2인칭)를 제외한 모든 것들은 3인칭이다. 엄마도 아빠도 철수도 영희도 모두 그렇다. 이들을 쓸 때는 동사 뒤에 's'를 붙여야 한다. 그런데 우리를 더욱 힘들게 하는 것은 여기에도 불규칙이 있어서 항상 's'를 붙이는 것이 아니라는 것이다. 그래서 많은 영어 학습자들이 3인칭 동사 활용을 부담스러워 한다. 이것을 이해하는 건 어렵지 않다. 하지만 빠르게 대화가 오가는 상황에서 바로바로 쓰려면 훈련을 통해 체득해야 한다.

She drink**s** water.	그녀는 물을	마셔.
She doesn't drink water.	그녀는 물을 안	마셔.
Does she drink water?	그녀는 물을	마셔?

질문시 Does 앞으로 이동

   과거형 역시 많은 학습자들이 부담스러워한다. 동사의 과거형을 외워야 하기 때문이다. 또 부정문에는 동사의 모양과 위치가 바뀌게 된다. 이해하는 것은 어렵지 않지만 실전에서 이 공식을 바로 적용하기가 어렵다. 특별한 생각 없이 바로 쓸 수 있을 때까지 훈련이 된다면 여러분들의 영어 실력은 급상승하게 된다. 차원이 다른 영어 실력을 뽐내고 싶다면 이런 것들을 1초 안에 할 수 있게 훈련해야 한다.

She drank water.	그녀는 물을	마셨어.
She didn't drink water.	그녀는 물을 안	마셨어.
Did she drink water?	그녀는 물을	마셨어?

← 질문시 Did 앞으로 이동

그래서 나는 학생들과 수업을 할 때, 1시간 내내 동사 활용 훈련을 한다. 이것이 한국인들에게 가장 약한 부분이기 때문이다. 이 부분을 채워 주면, 순식간에 문장들을 만들 수 있다. 이게 쉽다고 생각하는 사람들이 있는데, 막상 내가 테스트를 하면 많이 당황해한다. 1초 안에 대답을 해야 하는데, 그렇게 하는 사람은 거의 없다. 더 어려운 영어를 공부해야 영어가 느는 게 아니다. 기본에 충실하자. 그리고 기본을 완벽하게 하는 게 가장 어려운 것이다.

동사 활용 훈련

동사 훈련을 하면 좋은 점이 또 있다. 영어는 어순상 동사가 제일 앞(주어 바로 뒤)에 나온다. 한국어는 동사가 제일 마지막에 나오기 때문에 한국인들은 동사를 문장 앞쪽에서 쓰는 것을 어려워한다. 그런데 동사 훈련을 하면 자동으로 동사를 앞에 쓰는 연습을 하게 되기에 어순 연습에도 굉장히 좋다. 그러니 이 훈련을 하면 문장을 구성하는 속도나 정확도가 많이 올라간다.

세계화가 가속되면서 계속해서 한국에서도 영어 회화에 대한 수요가 늘고 있다. 영어를 못하는 한국인들에게 영어를 유창하게 할 수 있게 만드는 방법이 동사 활용 훈련밖에는 없다. 10년 뒤에는 동사 활용 훈련이 영어 말하기를 배우는 이들에게 표준이 되는 학습법으로 자리잡을 것이다. 그때 가서 깨닫지 말고 지금 당장 동사 훈련을 하길 바란다.

내 유튜브 채널에 '영어 스피킹 자가 진단 테스트'라는 훈련 영상들이 업로드되어 있다. 그 영상들을 통해서 스피킹 훈련을 해 보길 바란다. 이 훈련을 하고 나면 좀 더 영어를 이해하게 된다. 특히 영어 문장을 만드는 데 있어 새로운 관점을 갖게 될 것이다. 그렇게 되면 영어 말하기, 듣기, 쓰기, 읽기 모든 영역에서 실력이 크게 올라가게 된다.

다섯 번째 미드 보기

자막

자막은 여전히 한영자막으로 보면 된다. 이제 같은 미드를 다섯 번 정도 반복해서 보게 되면 영어 자막으로 보고 싶은 욕망이 생기게 될 수도 있고 반대로 지루함을 느낄 수도 있다. 지루함을 느낀다면 미드 영어 학습법에 대해서 회의감을 느낄 수도 있다. 과연 이렇게 한영자막을 틀어 놓고 미드만 본다고 해서 영어를 잘할 수 있을까 하는 고민이 생길 수 있다. 나 역시 그런 고민을 많이 했다.

나도 이맘때에 새로운 학습법에 대해서 고민했는데 그중에서도 영어책 학습법에 대해서는 진지하게 고민했었다. 이제 어느 정도 영어가 들리고 해서 조금 더 상급 코스라고 할 수 있는 영어책에 도전해 보고 싶었다. 실제로 진짜 영어 실력을 키우기 위해서는 영어책을 읽어야 한다고 주장하는 사람들도 제법 많기에 나도 도전해 보고 싶었다. 하지만 12년의 경험을 한 후 내가 내린 결론은 미드 하나만으로 충분하다는 것이다.

지금 우리가 보고 있는 미드는 하나의 시즌만 골라서 열 번을 본다면, 이는 책으로 치면 두 권의 책을 열 번씩 보는 엄청난 학습량이다. 그리고 그냥 읽는 수준이 아니라, 모든 문장의 뜻을 알고, 발음을 완벽하게 익히고, 외우기까지 하며 매력적인 등장인물들의 삶과 분위기를 눈으로 보기까지 한다. 이는 영어 학습계의 종합 예술이다. 말하기, 듣기, 읽기, 쓰기가 한 번에 되는 '책 읽기'인 것이다.

또 미드에 나오는 문장 수준은 절대 쉬운 수준이 아니다. 쉬운 문장도 있지만, 극악의 난이도를 가진 문장들도 있다. 내 개인적인 경험을 바탕으로 봤을 때, 한국인 중 아무리 영어 공부를 많이 한 사람이라고 해도, 미드 문장 수준을 뛰어 넘을 수 있는 사람들은 거의 없을 것이다.

또 미드의 대사가 모두 대화문으로 이루어져 있다는 것도 정말 큰 장점이다. 대부분의 사람들이 원하는 것은 영어로 대화를 유창하게 잘하는 것이다. 책 두 권 분량의 대화를 열 번이나 본다고 생각해 봐라. 영어로 대화하는 것에 얼마나 많은 도움이 되겠는가? 일반적으로 영어책을 보면 알겠지만, 대화가 아닌 작가가 서술하는 방식인 책들이 대부분이다. 이런 책들을 읽으면 영어 회화 실력을 키우는 데는 크게 도움이 되지 않는다. 좀 더 여러분들이 미드 학습에 자부심을 가지고 확신을 가지고 임하길 바란다.

듣기

벌써 다섯 번째이기 때문에 짧은 표현들은 외울 지경일 것이다. 그런 아주 짧은 표현들이 나오면 한 번씩 듣고 입으로 따라 해 보자. 단 여기서 모든 대사를 따라 하려고 하면 너무 힘들다. 좀 어려운 문장들은 그냥 지나가고, 짧고 쉬운 대사들이 나왔을 때 가볍게 따라 해 보는 정도로 하면 효과적이다. 따라 하는 것만으로도 더 깊이 있는 듣기 학습이 된다.

나도 이런 경험을 정말 많이 했는데, 대사를 따라 하면 새롭게 들리는 소리와 발음들이 정말 많다. 가만히 앉아서 듣는 것과 내가 소리를 하나씩 따라 해 보는 것은 정말 하늘과 땅 차이다. 의식적으로 대사를 따라 하면 소리에 집중하기 때문에 이전에는 별 생각 없이 지나쳤던 소리와 발음들이 훨씬 더 정확하게 들린다. 그렇기에 이는 듣기 훈련에도 상당히 효과적이다. 내가 내는 소리와 발음은 내 듣기 실력과 연결되어 있다. 발음 실력은 내가 말할 때의 발음과 다른 사람의 발음을 듣는 것 둘 다 포함하는 것이다. 즉, 듣기와 말하기가 연결된 영역이라는 것이다. 그래서 발음이 늘면 듣기도 동시에 는다.

문장 규칙

나는 개인적으로 영어를 간단하게 만드는 것을 좋아한다. 뭐든 간단하게 만들었을 때 그 본질을 파악하기가 쉬워진다고 생각하기 때문이다. 반대로 복잡한 것은 본질을 파악하기가 어렵다. 이를 두고 아인슈타인은 "간단하게 설명할 수 없으면 제대로 이해하지 못하는 것이다."라고 말하기도 했다.

 우리는 극악의 난이도를 가진 한국 영어 시험들을 치뤄 봤기 때문에 스스로의 영어 실력을 과신하는 경향이 있다. 그래서 기초적인 내용들을 무시하기도 한다. 스스로 아는 것과 모르는 것을 구분하지 못하는 것이다. 지금부터 간단하지만 여러분의 영어를 강화할 수 있는 훈련을 해 보도록 하자. 제발 무시하지 말고 열린 마음으로 접근하길 바란다.

 앞서 강조했지만, 일반동사와 Be동사를 구분하는 것은 정말 중요하다. 하지만 이를 현재, 과거, 3인칭까지 해내는 데는 생각보다 많은 시간이 소요되고 쉽지 않은 과정이다. 그래서 이를 간단하게 만들어서 여러분들이 짧은 시간 안에 이를 파악할 수 있게 해 보자.

일반동사를 사용할 때는 대부분 '(평상시에) ~하다'라는 의미가 있다. Be동사를 사용할 때는 거의 대부분의 경우 뒤의 동사를 'ing'로 죽이게 된다. 의미는 '~하는 중이다'이다. 일반동사는 긍정, 부정, 질문을 할 때 'do', 'did', 'does' 등을 활용한다. 한 가지 팁으로 긍정문에서 3인칭과 과거형을 만들 때는 강조용법처럼 동사 앞에 does(He does go)나 did(I did go)를 붙여서 연습하면 더 효과적이다. 그러면 문장의 시작은 아래 예시들과 같이 둘 중 하나이다. 문장의 시작은 매우 중요하기 때문에 간단하게 본질을 파악하는 방식으로 보도록 하자.

나는 (평상시에) ~한다. = I
나는 ~하는 중이다. = I am

그가 (평상시에) ~ 하니? = Does he
그가 ~하는 중이니? = Is he

너 ~했니? = Did you
너 ~하는 중이었니? = Were you

우리는 학교에서 긍정문 위주로 배우기 때문에 부정문과 질문문에 취약하다. 특히 문장 첫 두 부분을 정확하게 쓰는 것을 많이 어려워한다. 이를 중점적으로 연습해 보자. 한국어 문장을 읽고 알맞은 영어를 위와 같이 만들어 보자. 손으로 영어를 가리고 연습하면 좋다.

너는 (평상시에) 축구하니?	Do you
너는 축구하는 중이니?	Are you
너는 어제 공부했니?	Did you
너는 어제 공부하는 중이었니?	Were you
아빠는 (평상시에) 일하시니?	Does Dad
아빠는 일하시는 중이니?	Is Dad
나는 (평상시에) 전화 안 해.	I don't
나는 전화하는 중이 아니야.	I am not
나는 어제 학교를 안 갔어.	I didn't
나는 어제 학교 가는 중이 아니었어.	I was not
엄마는 (평상시에) 요리를 안 하셔.	Mom doesn't
나는 (평상시에) 피아노를 쳐.	I
나는 피아노를 치는 중이야.	I am
나는 어제 피자를 먹었어.	I did
나는 어제 피자를 먹는 중이었어.	I was
그는 (평상시에) 운전해.	He does
그는 운전하는 중이야.	He is

간단하기 때문에 크게 신경 쓸 게 없고 본질을 파악하는 데 도움이 되었을 것이다. 이 연습만 제대로 해도 문장 만드는 것이 쉬워진다. 이번에는 문장의 순서를 다르게 하여 연습해 보자.

엄마는 (평상시에) 요리 안 하셔.	Mom doesn't
나는 (평상시에) 피아노를 쳐.	I
너는 어제 공부하는 중이었니?	Were you
그는 (평상시에) 운전해.	He does
나는 피아노를 치는 중이야.	I am
아빠는 (평상시에) 일하시니?	Does Dad
나는 전화하는 중이 아니야.	I am not
너는 어제 공부했니?	Did you
엄마는 요리하는 중이 아니야.	Mom is not
너는 (평상시에) 축구하니?	Do you
나는 (평상시에) 전화를 안 해.	I don't
너는 축구하는 중이니?	Are you
나는 어제 피자를 먹었어.	I did
나는 어제 학교에 가는 중이 아니었어.	I was not
나는 어제 학교를 안 갔어.	I didn't
나는 어제 피자를 먹는 중이었어.	I was
그는 운전하는 중이야.	He is

이번에는 질문을 멋지게 만드는 When(언제), Where(어디서), Why(왜), How(어떻게)를 사용해 보도록 하자.

너는 (평상시에) 언제 학교 가니?	When do you
너 어디서 피자 먹는 중이니?	Where are you
너는 (평상시에) 어떻게 돈을 버니?	How do you
너는 왜 운동하는 중이니?	Why are you
너는 어제 어디서 공부하는 중이었어?	Where were you
너는 어제 언제 가방 샀어?	When did you
너는 어제 왜 전화하는 중이었어?	Why were you
너는 어제 어떻게 찾았어?	How did you
그는 (평상시에) 언제 집에 가니?	When does he
그녀는 왜 우는 중이니?	Why is she
그녀는 (평상시에) 어떻게 일을 하니?	How does she
그녀는 어디서 걷고 있는 중이니?	Where is she

마음 자세

고등학교 때 아침마다 수영장을 다닌 적이 있다. 아침에 가 보면 아주머니들이 수영을 하고 계셨는데, 25m 레인을 쉬지 않고 왔다 갔다 했다. 나는 자유형으로 50m만 가면 숨이 차서 더 이상 수영을 못 하는데, 심지어 이 분들은 나보다 키가 작고 힘이 약함에도 훨씬 빠른 속도로 수영을 하셨다. 아주머니들은 어떻게 저렇게 오랫동안 빠른 속도로 수영을 할까? 참 신기했던 기억이 난다. 이렇게 30분을 수영하고 나면, 나는 기껏해야 다섯 번 왕복을 하지만, 아주머니들은 대략 스무 번은 왕복하는 것 같았다.

그렇다면 아주머니들이 나보다 열심히 수영을 한 것인가? 나는 아니라고 생각한다. 나도 열심히 수영을 했다. 나와 아주머니의 차이는 노력이 아닌 실력이다. 실력이 좋으면 1시간 동안 운동량이 많지만, 실력이 없으면 1시간 동안의 운동량은 적은 것이다. 가령 아주머니들이 1시간 동안 50번 왕복을 했다고 가정해 보자. 아주머니들은 1시간이 지나고 산뜻한 기분으로 수영장을 나설 것이다. 만약 내가 이걸 보고 나도 열심히 해야지 생각하고 10시간 걸려서 50번 왕복을 하면, 나는 몸살이 날 것이다. 이렇게 되면 당연히 수영이 하기 싫을 것이고, 수영을 지속하지 않게 될 가능성이 높다.

그래서 실력이 뒷받침이 되기 전까지는 너무 열심히 해서는 안 된다. 초반에 단순히 양을 늘리기 위해서 너무 열심히 해서는 안 된다는 것이다. 능력이 안 되는 상태에서 열심히 하면 무리를 하게 되고 결국에는 쓰러진다. 내가 장기적인 관점에서 수영을 정말 잘하고 싶다면, 아주머니들처럼 해서는 안 되고 차라리 수영을 즐기는 데 초점을 맞추는 게 낫다. 그렇게 수영을 즐기다 보면 수영에 대한 애정이 커지고, 여유도 생기면 더 잘하고 싶은 마음도 들 것이다. 그렇게 10년을 수영을 하면 얼마나 잘하겠는가?

없는 에너지도 짜내서 혼신의 힘으로 영어를 공부하는 것이 아니다. 미드 자체를 즐기다 보면 실력이 늘고 그러면 그만큼 신경 쓸 것들이 줄어들고, 여유가 생긴다. 여유가 생기는 만큼 영어 실력이 상승하게 되고 꾸준하게 학습할 수 있는 것이다. 영어 초보자가 단순히 영어를 열심히 공부하면, 초라한 학습량에 좌절하고 포기하게 된다. 그래서 초반에 학습 효율이 좋지 않을 때는 영어에 대한 흥미를 키우고 사랑을 키우는 것이 장기적으로 훨씬 더 좋은 전략인 것이다.

여섯 번째 미드 보기

자막

여섯 번째부터는 한국어로 완전히 의미가 파악이 되었다면 한국어 자막을 꺼도 된다. 그럼 영어 자막만 틀어 놓고 보게 될 텐데, 사뭇 느낌이 다를 것이다. 내용을 다 알기 때문에 이해하는 데는 어려움이 없을 것이다. 그리고 무엇보다 영어 자막을 더 집중해서 보게 될 것이다. 그리고 영어 자막만 필요하기 때문에 지금부터는 핸드폰으로도 언제 어디서든 공부를 할 수 있게 된다.

앞으로의 자막 활용법을 간단하게 소개하자면, 쉬운 문장 위주로 천천히 하나씩 정복해 나가면서 결국 가장 어려운 문장들까지 도전하게 될 것이다. 이때까지 다섯 번을 보면서 영어 자막도 많이 익숙해졌을 것이다. 제법 쉬운 단어와 문장은 이미 많이 외웠을 것이고 좀 더 여유가 생겼을 것이다. 이렇게 여유가 생기면 나도 모르게 시선이 더 어려운 문장으로 향하게 된다. 당장은 이해가 잘 안 되고, 어렵게 느낄 수 있지만 좌절하지 말고 우선 나아가면 된다. 다음에 또 반복하게 되는데 그때는 좀 더 이해가 되고 조금씩 쉽게 느껴질 것이다.

나도 처음에 미드 〈How I met your mother〉을 반복해서 볼 때 영어 자체를 어렵게 느꼈지만, 점점 영어의 뉘앙스도 보이고 시작했고 이후 구조까지도 보이기 시작했다. 반복해서 볼수록 내가 흡수하는 영어가 기하급수적으로 늘어난다. 항상 기억해야 하는 것은 집중해서 미드를 한 번 보는 것보다 대충이라도 열 번 보는 것이 훨씬 더 학습 효과가 좋다는 것이다.

이렇게 반복해서 보면서 기반을 다지면 다음 레벨로 올라갈 수 있다. 다음 단계에서는 쉐도잉을 학습하는데, 이는 표현과 문장을 입으로 적극적으로 따라 하면서 미드를 보는 것이다. 그냥 보는 것과 따라 하면서 의식적으로 보는 것은 확연히 다르다. 훨씬 더 세부적으로 내용들을 흡수하게 된다.

듣기

영어 듣기를 떠올리면 학창 시절 우리가 봤던 영어 듣기 시험이 생각이 날 것이다. 녹음된 영어 지문을 듣고 그에 대한 주제를 찾아 답을 고르거나, 알맞은 내용의 답을 고르는 것이었다. 그리고 대부분의 경우 듣기 시험은 비교적 쉽게 출제가 되는 편이다. 그래서 듣기는 누구나 쉽게 점수를 딸 수 있다고 여겨지며, 실제 변별력은 독해 영역에서 나오기 때문에 독해에 많은 시간을 할애한다. 그러다 보니 대부분의 사람들이 듣기는 상대적으로 쉬운 것이라고 생각하는 경향이 있다.

하지만 듣기 문제가 쉬운 것이지 듣는 것 자체가 쉬운 것은 아니다. 만약 듣기 시험에서 지문의 내용을 영어로 받아 적어야 한다면 어떨까? 아니면 들은 것을 그대로 말해 보라고 하면 말할 수 있을까? 제대로 들었다면 적고 말하는 것이 어려울 이유가 없다. 하지만 듣기 시험에서 들은 것을 적고 말할 수 있는 사람은 거의 없다.

결국 듣기는 본질이 아니다. 많이 듣는다고 듣기가 늘지 않는다는 것이다. 듣기는 따로 존재하는 것이 아니다. 문장만이 존재할 뿐이다. 이 문장을 듣게 되면 듣기고, 말하면 말하기고, 읽으면 읽기고, 쓰면 쓰기가 된다. 4가지 영역을 동시에 발전시키려면, 다른 것이 아닌 문장에 집중해야 한다. 내가 문장을 정확히 알면, 이 문장을 말하고, 듣고, 쓰고, 읽는 것에 아무 어려움이 없어진다.

그래서 미드로 공부를 할 때 문장을 중심으로 공부하는 것이 최우선이고, 이후에 원어민의 발음에 익숙해지도록 소리를 따로 집중해서 들어 보거나, 원어민처럼 말해 보는 연습을 해야 한다. 이것이 듣기를 잘하는 방법이다.

문장 규칙

앞서 동서양의 차이에서도 언급했지만, 한국인에게 영어가 어려운 이유 중 하나로 한국어와 달리 영어는 인칭에 따라 동사가 변하고, 긍정문, 부정문, 질문문에서 동사의 위치가 변하기 때문이라고 했다. 한국어는 인칭에 따라서 동사가 변하거나 동사의 위치가 바뀌지 않는다. 이런 것들이 한국어에는 없기 때문에 익숙해지기 어렵다. 그냥 영어를 듣기만 해서는 자연스럽게 익혀지는 게 아니라는 것이다. 그래서 이를 따로 의식적으로 훈련을 해야 한다. 그렇지 않으면 10년이 지나도 영어는 어려울 수밖에 없다. 그래서 계속해서 변하는 변수들을 정리해 보면 다음과 같다.

Be동사 (동사 직접 활용) : am, are, is, was, were
일반동사 (동사 대신 do 활용) : do, did, does

이게 전부이다. 이것들이 움직이고 변하는 것이다. 이를 간단한 연습을 통해서 구분해 보자. 손으로 영어를 가리고 한국어만 보고 말하는 연습해보자.

<Be동사>

부정→ not

질문→ 동사 앞으로

나는 부산에 있다.	I am in Busan.
나는 부산에 있지 않다.	I am not in Busan.
너는 부산에 있니?	Are you in Busan?

나는 가는 중이야.	I am going.
나는 가는 중이 아니야.	I am not going.
너는 가는 중이니?	Are you going?

이번에는 나(1인칭)와 너(2인칭)를 제외한 사람들(3인칭)을 연습해 보도록 하자. 이번에는 과거형까지 확장해 보겠다.

엄마는 행복해요.	Mom is happy.
엄마는 행복하지 않아요.	Mom is not happy.
엄마가 행복하니?	Is Mom happy?

그는 먹는 중이다.	He is eating.
그는 먹는 중이 아니다.	He is not eating.
그가 먹는 중이니?	Is he eating?

나는 서울에 있었어요.	I was in Seoul.
나는 서울에 있지 않았어요.	I was not in Seoul.
너는 서울에 있었니?	Were you in Seoul?

나는 자는 중이었어요.	I was sleeping.
나는 자는 중이 아니었어요.	I was not sleeping.
너는 자는 중이었니?	Were you sleeping?

이번에는 과거로 나(1인칭)와 너(2인칭)를 제외한 사람들(3인칭)을 연습해 보도록 하자.

그녀는 학생이었어요.	She was a student.
그녀는 학생이 아니었어요.	She was not a student.
그녀가 학생이었니?	Was she a student?

아빠는 운전하는 중이었어요.	Dad was driving.
아빠는 운전하는 중이 아니었어요.	Dad was not driving.
아빠가 운전하는 중이었니?	Was dad driving?

이번에는 일반동사에 대해서 연습해 보자. 일반동사는 긍정, 부정, 질문 활용이 정말 어렵다. 그래서 과거와 3인칭을 할 때는 강조용법으로 긍정을 만들어서 연습하는 것이 직관적이고 효과적이다.

I ate pizza → I did eat pizza.
He eats pizza. → He does eat pizza.

<일반동사>
부정 → don't
질문 → Do 문장 앞으로

나는 (평상시) 케이크를 먹는다.	I eat cake.
나는 (평상시) 케이크를 안 먹는다.	I don't eat cake.
너는 (평상시) 케이크를 먹니?	Do you eat cake?
나는 가고 싶다.	I want to go.
나는 안 가고 싶다.	I don't want to go.
너는 가고 싶니?	Do you want to go?
그는 (평상시) 커피를 마신다.	He does drink coffee.
그는 (평상시) 커피를 안 마신다.	He doesn't drink coffee.
그가 (평상시) 커피를 마시니?	Does he drink coffee?

영희는 자고 싶다.　　　　　영희 does want to sleep.

영희는 안 자고 싶다.　　　영희 doesn't want to sleep.

영희가 자고 싶어 하니?　　Does 영희 want to sleep?

나는 영어를 공부했다.　　　I did study English.

나는 영어를 공부하지 않았다.　I didn't study English.

너는 영어를 공부했니?　　Did you study English?

나는 전화하고 싶었어.　　I did want to call.

나는 전화하고 싶지 않았어.　I didn't want to call.

너는 전화하고 싶었니?　　Did you want to call?

그녀는 책을 읽었다.　　　She did read books.

그녀는 책을 읽지 않았다.　She didn't read books.

그녀가 책을 읽었니?　　　Did she read books?

아빠는 걷고 싶었다.　　　Dad did want to walk.

아빠는 걷고 싶지 않았다.　Dad didn't want to walk.

아빠가 걷고 싶어 했니?　Did dad want to walk?

일반동사 vs Be동사

내가 영어에서 가장 중요하게 생각하는 부분은 바로 "Are you eating this?"와 "Do you eat this?"를 구분하는 것이다. 이것이 구분이 안 되면 아무리 영어 공부를 해도 실력이 늘지 않는다. 나는 현재 한국인들이 영어 때문에 어려움을 겪는 큰 이유 중 하나가 바로 이 둘을 구분하지 못하기 때문이라고 생각한다.

Are you eating this? 너 이거 먹는 중이니?
Do you eat this? 너 이거 (평상시에) 먹니?

'Are you'와 'Do you'를 구분하는 것이 간단하다고 생각하는 사람들이 많은데, 아래 문장을 순식간에 만들고 구분할 수 있는지 가슴에 손을 얹고 생각해 보자.

Were you going home?
I didn't go home.
Why is she going home?
She doesn't go home.
Was she calling you?
He didn't call me.
I am watching a movie.
Why do you watch movies?

이렇게 다양하게 변화하는 문장들을 순식간에 구분해서 쓰기란 정말 쉽지 않다. 이 모든 문장들을 원어민과 대화하는 자리에서 순식간에 구분해서 편안하게 활용할 수 있다고 생각해 보자. 영어가 정말 자유로워질 것이다. 또한 이 기본기를 탄탄하게 다져 놓으면 영어는 시간이 지날수록 계속해서 성장한다.

무의식 훈련

나는 어려서부터 수줍음이 많았다. 중학교 때였는데, 당시 내가 좋아하던 한 여학생이 있었다. 그래서 그녀에게 말을 걸어 보기로 결심했다. 아침부터 그녀와 어떤 대화를 나눌지 생각을 하며 학교에 갔다. 학교에 도착해서 그녀에게 말을 걸기 위해서 다가가는데 긴장해서 식은땀이 나고 다리가 떨리기 시작했다. 그녀 앞에 서자 뇌가 정지되고 마비가 된 것 같았다. 아무 생각이 안 나서 결국 아무 말도 못했다. 그냥 자연스럽게 대화를 하면 되는데, 말 한 마디 제대로 못 하는 내가 원망스러웠다.

여러분들도 긴장해서 한 마디도 못 한 경험이 있는가? 우리는 특정 상황에서 긴장을 할 때가 많다. 특히 영어로 말을 해야 하는 상황에서는 긴장을 안 할 수가 없다. 영어에 자신이 없기 때문이다.

왜 우리는 간단한 문장 하나 만드는 것도 못해서 쩔쩔맬까? 유창하게 영어를 하는 게 그렇게 어려운 걸까? 긴장을 안 하는 방법이 있을까? 긴장을 좀 해도 영어로 유창하게 하는 방법이 있을까? 이 모든 것을 답하기 위해 우리 뇌에 대해서 이해할 필요가 있다.

뇌가 에너지를 아끼는 법: 습관

우리 뇌는 정말 많은 에너지를 쓰는 기관이다. 성인의 뇌의 무게는 약 1.2~1.6kg 정도 되는데, 몸무게의 약 2% 정도이다. 그런데 이 조그만 뇌가 전체 열량의 20%를 사용하는 것이다. 5~6세 아이들은 뇌에 비해 몸이 작기 때문에 어린이 뇌는 전체 열량의 약 60%나 사용한다.

이렇게 뇌가 에너지를 엄청나게 소비하기 때문에 때로는 뇌의 전원을 꺼 놔야 한다. 즉, 뇌의 전원을 끄는 것을 습관화하는 것이 필요한데, 매일 하는 많은 행동들을 습관으로 만들어서 자동화하는 것이다. 그러면 항상 뇌를 켜 놓지 않아도 되는 것이다. 아침에 일어나서 세수를 할 때, 양치를 할 때, 우리는 습관으로 자동화를 해서 효율적으로 뇌를 사용한다. 실제로 이에 대한 연구가 있었는데, 서던캘리포니아 대학교 웬디 우드(Wendy Wood) 박사에 따르면 우리가 행하는 모든 행동 중에서 40~45%가 습관에 기반한다고 한다.

실제로 뇌를 살펴 보면, 우리가 습관에 기반을 둔 행동을 할 때 뇌의 안쪽이 활성화가 된다. 뇌의 안쪽은 무의식적이고 빠르다. 이에 반해, 우리가 의식적으로 생각을 할 때 활성화되는 것이 바로 바깥쪽 뇌이다. 바깥쪽 뇌에서는 의식적으로 생각해야 하기에 습관에 비해 느리다.

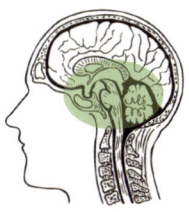
뇌 안쪽 : 습관(무의식)

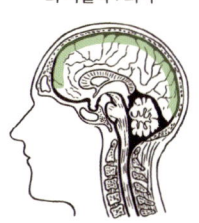
뇌 바깥쪽 : 의식

원어민이 영어를 빠르고 유창하게 하는 이유

그렇다면 원어민들이 영어를 빠르고 유창하게 할 수 있는 이유는 무엇일까? 2012년 EBS에서 원어민들의 뇌 사진을 찍었는데, 흥미로운 현상이 발견되었다. 영어를 잘하기 위해서는 적절한 '단어' 사용과 이 단어를 올바른 순서로 조합하는 '문장 규칙' 활용 능력이 필요하다고 했다. 원어민이 영어로 말할 때 뇌를 살펴 보면 단어는 바깥쪽 뇌가 활성화되고, 문장 규칙은 뇌 안쪽이 활성화되었다. 단어는 의식적으로 생각해 내지만, 그 단어를 올바른 순서로 조합하는 것은 무의식적으로 순식간에 이루어진다는 것이다.

하지만 한국인들이 영어를 할 때는 달랐다. 단어를 생각할 때는 원어민들처럼 바깥쪽 뇌가 활성화되었다. 문제는 문장 규칙을 생각할 때도 바깥쪽 뇌가 활성화된 것이다. 뇌 바깥쪽은 느리고 의식적이다. 그래서 한국인들은 문장을 만들 때 시간이 오래 걸리는 것이다. 결론적으로 한국인이 영어를 유창하게 하기 위해서는 바로 이 문장 규칙을 바깥쪽 뇌가 아닌 뇌 안쪽에서 순식간에 처리해야 하는 것이다.

그럼 어떻게 해야 문장 규칙을 뇌 안쪽에서 무의식적이고 자동으로 사용할 수 있을까? 메릴랜드대 교수 로버트 드 카이저는 이 문장 규칙을 훈련을 통해서 숙달하면 해결할 수 있다고 말한다. 처음 익힐 때는 의식적으로 생각하기 때문에 느리지만, 반복해서 훈련을 하면 생각하지 않고 무의식적으로 할 수 있기에 영어를 즉각적으로 사용할 수 있다는 것이다.

뇌 과부하

여러분은 한국어로 문장을 만들 때 힘들었던 적이 있는가? 긴장을 하면 문법을 틀리는가? 문장을 만들 때 생각을 해서 만드는가? 전혀 그렇지 않다. 우리는 거의 자동적으로 한국어를 사용한다. 살면서 수없이 많이 반복된 행동이기에 심지어 말을 하는 와중에 상대방의 표정도 관찰할 수가 있고, 다음에 무슨 말을 할지도 생각할 수가 있다. 이 모든 것이 가능한 이유는 우리가 전혀 신경을 쓰지 않아도 자동으로 문장을 만들 수 있기 때문이다. 만약 내가 할 모든 말들을 하나하나 생각하면서 만들어야 한다면, 뇌에 과부하가 걸린다.

여러분이 원어민을 만나서 말하려고 할 때 전혀 영어 문장을 만들 수 없었다면 이는 전형적으로 뇌 과부하 때문에 발생하는 것이다. 평상시 여러분들이 영어를 공부를 할 때는 온전히 영어에만 집중한다. 그때는 뇌가 과부하가 오지 않는다. 그런데 실전에서는 영어 이외에도 신경 쓸 것이 매우 많다. 상대 표정도 살펴야 하고, 그 다음에 할 말도 생각해야 하고, 상대가 말한 것을 이해도 해야 한다. 순식간에 이 모든 일을 해야 대화를 할 수 있는데, 이러면 뇌에 과부하가 온다. 이 상태에서는 문장을 만드는 데 신경 쓸 겨를이 없다. 즉, 의식적으로 문장을 만들지 못 하는 상황에서는 벙어리가 되는 것이다. 이렇게 실전에서 당황하게 되면 긴장을 하기 시작하고 점점 더 머리는 백지가 되는 것이다.

여러분의 의식은 긴장하는 순간 스위치가 꺼진다. 생각을 해야만 쓸 수 있는 영어는 긴장하는 순간 무너진다. 이것이 바로 여러분의 영어가 실패한 이유이다. 훈련을 해서 습관을 만드는 게 아니라, 그냥 이해하고 넘어가는 수준의 공부를 해 온 것이다. 반복하고 숙달해서 생각하지 않고도 말할 수 있게 연습하지 않았던 것이다. 이런 사람들은 긴장하는 순간 백지 상태가 되고 영어를 한 마디도 못 하는 사람이 된다.

그래서 여러분들이 지금부터 해야 할 것은 의식적으로 반복 숙달을 해서 문장 규칙을 뇌 안쪽으로 밀어 넣는 것이다. 바깥쪽 뇌를 저장 공간으로 사용하려고 하면 여러분의 영어는 계속해서 좌절하고 실패할 것이다.

학교에서 배운 영어

지금까지 여러분이 학교에서 영어를 공부했던 방식을 생각해 보자. 과연 반복해서 습관으로 만들었는가? 아니면 이해만 하고 넘어가고 새로운 내용들을 계속해서 학습했는가? 학교에서는 진도 나가느라 바쁘기 때문에 여러분들에게 충분히 반복 학습을 해 줄 수가 없다. 학교에서는 단 한 번도 영어를 무의식으로 밀어 넣는 작업을 하지 않은 것이다. 즉, 의식만을 활용해서 학습을 한 것이다. 그러니 자동화가 안 되고 긴장하는 순간 얼어붙는 것이다. 의식은 저장 공간으로서는 너무나도 부족한 존재이다.

거기다 학생들은 계속해서 새로운 것들을 배우고 싶어 하고 더 어려운 단어, 더 고급스러운 표현을 배우고 싶어 한다. 또 원어민적인 표현들을 배우고 싶어 하고 원어민들조차 헷갈리는 뉘앙스를 구분하려고 노력한다. 계속 더 특별한 것을 배우고 싶어 한다는 것이다. 정작 영어로 말 한 마디 제대로 못 하면서 말이다.

단순 반복하는 것은 무식한 게 아니다. 매우 과학적이고 선진화된 교육 방식이다. 여러분이 지적 허영심을 내려놓고 겸손하게 반복을 했으면 한다. 영어로 말 한 마디 못 하지 않는가? 한국 사람들은 굉장히 똑똑한 민족이다. 전 세계에서 가장 뛰어난 민족 중에 하나이다. 이미 천재성을 가지고 있는데 우리가 반복을 통해서 습관의 영역까지 영어를 확장한다면 영어는 더 이상 정복 불가능한 존재가 아니다. 반복하자. 영어를 잘하려면 신경 안 쓰고도 할 수 있게 연습하면 된다.

4장 미드 영어 발음의 모든 것

일곱 번째 미드 보기

소리로 영어를 극복하는 것은 어렵다

지금까지 자막을 통해 보면서 많은 영어를 흡수했을 것이다. 하지만 냉정하게 판단해서 지금까지 여러분이 흡수한 영어의 완성도는 떨어지는 게 사실이다. 예를 들어, 여러분이 태권도 선수가 발차기 하는 모습을 반복해서 여섯 번을 봤다고 하자. 그럼 여러분은 태권도 선수처럼 발차기를 할 수 있을까? 그렇지 못할 가능성이 높다. 영어도 마찬가지이다. 원어민들이 영어로 대화하는 것을 보고만 있다고 해서 그들처럼 말을 할 수 있는 것은 아니다.

　해결 방법은 간단하다. 태권도 선수가 발차기 하는 모습을 보면서 직접 발차기 연습을 해 보면 최대한 비슷하게 발차기를 하게 될 것이다. 직접 따라 할 때 학습 능률이 올라가는 것이다. 미드를 보는 것도 마찬가지이다. 주인공이 영어로 말을 할 때 나도 그대로 따라서 말을 하면 영어 흡수 능력이 크게 향상된다. 이를 '쉐도잉(shadowing)'이라고 하는데 그림자처럼 주인공을 따라 하는 것이다.

그럼 처음 미드를 볼 때부터 쉐도잉을 했으면 더 효과적이지 않았을까 하고 생각할 수도 있다. 하지만 이 방법은 별로 추천하지 않는다. 사람은 한 번에 하나에만 집중할 수 있다. 처음에 미드를 보면 발음도 어렵고, 모르는 단어도 많고, 한국어 자막을 보느라 정신이 없다. 내용 파악하고 문장 규칙을 신경 쓰면서 쉐도잉까지 하는 것은 불가능하다. 그래서 쉐도잉은 어느 정도 미드 보는 것에 익숙해졌을 때 시도해야 효과를 볼 수 있다. 내용 파악을 어느 정도 끝내고, 문장 규칙도 파악하고 여유가 있을 때 쉐도잉을 해야 한다는 것이다.

자막

먼저 자막은 아직까지는 틀어 놓고 보는 게 좋다. 워낙 문장이 빠르게 지나가기 때문에 놓칠 때가 많다. 아직 쉐도잉에 익숙하지 않은 상태에서는 자막에 의존할 때가 많다. 처음에 쉐도잉을 할 때는 모든 문장을 다 쉐도잉하려고 해서는 안 된다. 쉽고 짧은 문장들만 한 번씩 따라 해 보고 넘어가면 된다. 모든 문장을 다 하려고 하면 미드 자체가 너무 빠르기 때문에 계속 멈추고 따라 해야 하는데 이렇게 하면 시간이 굉장히 많이 걸린다. 차라리 짧고 쉬운 문장들부터 하나씩 정복해 나가는 것이 동일한 시간 대비 학습량이 더 많고 힘들지도 않다.

쉐도잉을 하다 보면 정말 짧은 문장임에도 쉽지 않다는 것을 느끼게 될 것이다. 특히 속도를 따라가기가 어려운데, 이는 여러분이 영어 자막을 읽으려고 해서 그렇다. 영어 자막을 따라 읽으려고 하지 말고 등장인물들의 소리를 듣고 따라 간다고 생각하면 수월하다. 그래도 자막이 있어야 중간중간 문장들을 확인할 수 있으니 끄지 말고 소리 위주로 따라가기 바란다. 처음에는 따라 하고 싶은 문장이 나왔을 때 드라마를 멈추고 따라 해 보는 것도 괜찮다. 이때는 핸드폰으로 하는 게 조작이 편리하다.

쉐도잉을 하면서 느끼겠지만, 이때까지 같은 작품을 여섯 번을 봤음에도 놓친 것들이 생각보다 많을 것이다. 그냥 보고만 있는 것과 적극적으로 말을 따라 하는 것에는 엄청난 집중력의 차이가 난다. 당연히 알고 있다고 생각했던 표현들을 막상 내 입으로 발음해 보려고 하면 잘 안 되고 또 당황할 수도 있다. 하지만 쉐도잉도 반복할수록 익숙해지고 조금씩 여유가 생기게 되니 지금 단계에서는 조급해 하지 말자.

듣기

쉐도잉은 궁극적으로 발음 훈련이다. 그만큼 발음 훈련이 되며, 소리에 대해서 더욱 민감하게 반응하게 된다. 미드에 나오는 대사가 워낙 빠르기 때문에 발음 외 다른 요소들은 신경 쓸 겨를이 없다. 드라마 내용은 아예 신경을 끄고 온전히 소리에만 집중하는 것이다. 그 소리와 동일한 소리를 내려고 노력하는 과정에서 발음이 좋아지는 것이다. 발음이 좋아진다는 것은 원어민들의 발음과 유사한 발음을 낼 수 있다는 것이다. 이렇게 되면 자연스럽게 듣기 실력도 향상된다. 앞서 언급했지만 듣기가 안 되는 이유는 내가 아는 발음과 원어민의 발음이 다르기 때문이다.

내가 할 수 있는 발음은 무조건 들린다.

지금쯤이면 신기하게도 대사 내용이 대부분 잘 들릴 것이다. 하지만 여기서 주의해야 할 점은 익숙함에 속지 말아야 한다는 것이다. 다 들리는 것처럼 느끼지만, 실제로 듣고 모두 받아 적을 수 있을 정도로 정확하게 알아들은 것은 아니다. 대사의 속도가 워낙 빠르기 때문에 단어 몇 개만 알아듣고 나머지 디테일한 것들은 놓치기가 쉽다. 하지만 쉐도잉을 하면 할수록 표현들의 디테일한 부분들을 더 자세하게 알게 되고 더 잘 들리기 시작한다. 쉐도잉을 통해 표현들의 세부적인 내용들을 인지하기 시작하면, 그때부터 들리기 시작하는 것이다.

쉐도잉 훈련 방법

쉐도잉을 처음 할 때는 입의 움직임을 최소화하는 것이 유리하다. 그런데 영어를 발성할 때 입은 최대한 크게 벌리고 큰 소리로 따라 해야 한다고 알고 있는 분들이 많다. 하지만 여러분들이 큰 소리로 따라 하려면 입의 움직임이 커지게 되고 그에 따라 말의 속도가 느려질 수밖에 없다. 드라마는 빠른 속도로 진행이 되는데, 입을 크게 벌리면 절대 그 속도를 따라갈 수가 없다. 특히 속도를 맞추기 위해 발음을 대충 하고 넘어가기 쉽다. 쉐도잉이란 그림자처럼 주인공들의 발음을 따라 가야 되기에 속도까지도 맞춰야 한다. 그래야만 정교하게 그들의 발음과 동일한 발음을 완성시킬 수가 있다.

그래서 처음에는 입의 움직임을 작게 해서 비교적 빨리 입을 움직이는 게 중요하다. 그리고 목소리도 작게 낮춰, 속삭이듯 말하는 것이 좋다. 목소리를 크게 하면 역시 속도가 느려질 수 있고, 내 목소리로 인해 대사가 잘 안 들릴 수도 있다.

이렇게 연습을 하다 보면 원어민의 발음과 굉장히 유사해지는데 그렇게 되면 조금씩 목소리를 키우고 입을 크게 벌리면서 연습을 해 보자. 이렇게 하면 당장은 발음이 흐트러지거나 속도가 느려질 수 있다. 그럼에도 계속해서 쉐도잉 연습을 하면 발음에서는 거의 원어민 수준까지 도달할 수 있다.

이제부터의 연습 방향은 점점 더 목소리를 크게 하면서 동시에 입 모양에 대해서 더욱 신경을 쓰는 것이다. 그래야 정교하고 정확한 발음을 큰 소리로 당당하게 말할 수 있는 능력이 생긴다.

억양을 잡아주는 호흡법

때로는 발음이 완벽해도 영어가 어색하다고 느껴질 때가 있다. 이는 바로 억양 때문에 발생하는 문제이다. 올바른 억양을 익히는 것이 쉽지 않은데, 이를 효과적으로 개선할 수 있는 호흡법을 소개한다. 이것만 잘 따라 해도 억양이 상당히 개선될 수 있다.

사람은 호흡을 들이마셨다가 내뱉으면서 말을 한다. 즉, 공기를 내뱉을 때 소리가 나는데 문장 끝으로 갈수록 공기가 부족해진다. 따라서 문장의 끝으로 갈수록 소리가 점점 작아지고 음도 떨어지게 된다. 모든 언어는 이런 식으로 소리를 내게 되고 이렇게 말하는 것이 자연스럽다. 만약 말을 하면서 점점 소리가 커지고 음이 높아지면 듣는 사람 입장에서 어색함을 느낀다.

여러분 저와 함께 영어 인생을 바꿔보시죠

　영어를 잘 못하는 사람들에게 영어 문장을 주고 말해 보라고 하면, 대부분 문장이 진행될수록 점점 목소리가 커지고, 음이 높아지는 현상이 나타난다. 이는 한국인뿐만 아니라, 비영어권 사람들 중에서도 영어를 못 하는 사람들은 동일한 현상을 보인다. 그 이유는 간단하다. 보통 모국어를 말할 때는 한 번 숨을 들이마셨다가 내뱉으면서 하나의 문장을 말하게 된다. 그런데 영어를 잘 못하는 사람들은 한 문장을 구성하는 데 오랜 시간이 걸린다. 그렇기 때문에 이들은 하나의 문장을 말할 때 한 번에 말을 못하고, 호흡을 여러 번 하게 된다.

여러분 저와 함께 영어 인생을 바꿔보시죠

　호흡을 들이마실 때마다 공기가 충분히 들어오기 때문에 자연스럽게 음이 올라가고 목소리가 커진다. 영어를 못하는 이들은 한 문장 내에서 호흡을 여러 번 하기에 문장 중간마다 음이 올라가고 목소리가 커진다. 이렇게 소리를 내면 상당히 부자연스럽고 듣기 거슬리는 소리가 된다. 또 주목할 만한 점은 영어를 못할수록, 단어 위주로 호흡과 발음을 한다는 것이다. 문장을 하나로 인식하고 호흡을 그에 맞춰야 하는데, 그렇게 할 수 없으니 단어 위주로 하나씩 끊어서 내뱉는 것이다.

그래서 영어로 소리를 내뱉을 때는 호흡을 한 번만 한다는 생각을 가지고 발성하는 게 포인트이다. 조금씩 음을 떨어뜨리고 목소리도 줄여 나가는 식으로 연습을 하면 극적으로 영어 억양이 개선된다. 이것만 잘 지켜도 정말 자연스러운 영어 문장을 말할 수 있다. 특히 질문을 할 때 한국어에서는 대부분 말끝을 올리는 경향이 있는데, 영어에서는 그렇지 않다. 한국어에서는 질문이라는 것을 알릴 수 있는 방법이 말끝을 올리는 것이다.

너 피자 먹어.

너 피자 먹어?

하지만 영어에서는 질문을 할 때 문장 구조가 완전히 바뀐다.

I eat pizza

Do you eat pizza?

그렇기 때문에 영어는 굳이 말끝을 올리지 않아도 질문이라는 것을 알 수 있다. 그래서 질문을 할 때도 말끝을 내리는 게 일반적이다. 때때로 영어에서도 말끝을 올리기도 하는데, 이는 놀라움을 나타내거나 그 사람의 기분이나 태도에 따른 것이다. 그래서 평상시에 질문할 때 말끝을 내리는 연습을 하면 정말 획기적으로 발음이 좋아지는 것을 느낄 수 있다.

문장 규칙

쉐도잉의 가장 큰 문제점은 내가 미드를 통해 외웠던 문장과 발음은 잘하지만 그 이상으로 확장하기 어렵다는 것이다. 내가 아는 표현의 범주 내에서만 영어를 말하는 것은 정말 힘든 일이다. 내가 쉐도잉을 통해서 외웠던 몇 개의 문장들만으로 영어를 한다는 것이 들통날까 두렵기도 하다.

이것은 쉐도잉 자체의 문제가 아니라 쉐도잉을 하는 사람이 기초가 부족하기 때문이다. 영어의 규칙성을 잘 파악한 사람이 쉐도잉을 하면 영어가 매우 빠르게 는다. 유럽 아이들은 영어를 틀어 놓기만 해도 영어를 말할 수 있는 수준이 된다. 이미 모국어와 영어가 유사하고 모국어로 규칙성을 대부분 파악했기에 영어의 다양한 표현들을 접하자마자 활용할 수 있는 것이다. 이렇게 되면 고등학교만 졸업해도 실제로 영어로 말을 할 수 있게 된다.

쉐도잉은 아무나 한다고 다 되는 게 아니다. 영어의 규칙성을 파악한 사람들이 했을 때 그 효과를 제대로 발휘할 수 있다. 쉐도잉을 통해 발음, 문장 활용 능력 모두를 갖출 수 있게 되는 것이다. 그렇게 해야만 학습 효과를 극대화할 수 있다.

문장 규칙이라는 것은 특별한 것이 아니다. 앞서 제시한 '1문장 = 1동사', '긍정, 부정, 질문', 'Be동사 vs 일반동사'의 이 세 가지만 훈련이 되어 있으면 된다. 이는 초등학생들도 할 수 있다. 하지만 이것이 제대로 되어 있지 않으면 아무리 공부해도 영어가 늘지 않는 절망적인 상황에 빠진다.

　나는 수학을 정말 못했지만 결국에는 수학을 잘하게 되었다. 수학의 규칙에 대해서는 전혀 생각하지 않고 단순히 문제 풀이만 했을 때는 실패를 했다. 하지만 수학의 원리와 개념을 정확하게 학습하고 나니 수학이 정말 간단해지고 쉬워졌다. 이전에는 문제를 풀 때 항상 갈피를 잡지 못했다. 내 안에 개념과 원리가 제대로 중심을 잡지 못했기 때문이다. 그런데 그 개념과 원리, 즉, 수학의 규칙에 대해서 확실하게 습득을 하고 나서부터는 문제를 풀 때 흔들리지 않았고 헷갈리는 것이 없었다. 방향이 보였고 그 방향대로 문제를 풀면 정답이 도출되었다. 수학을 공부하는 것이 더 이상 고통스럽지가 않았고 즐거웠는데 이는 영어도 마찬가지다.

마음자세

나는 정말 영어를 잘하고 싶었고 그래서 어떻게 하면 좀 더 효과적으로 공부를 할 수 있을까 항상 고민을 했다. 중학교 2학년 때 쉐도잉을 처음으로 접했을 때 내 영어 발음이 극적으로 변화하는 것을 경험했다. 또 꼼꼼하게 영어 문장을 하나하나 내 입으로 발음을 하면서 많은 표현들을 자연스럽게 암기할 수 있었다. 그래서 쉐도잉을 통해서 그냥 미드를 볼 때보다 더 큰 학습 효과를 경험했다.

　하지만 계속해서 드라마를 보면서 따라 하기란 쉽지 않다. 당시 나는 하루에 최소 3시간씩은 미드를 봤었는데 3시간을 보겠다고 목표를 정한 것은 아니었다. 틈틈이 시간 날 때마다 미드를 보다 보니 통합해서 3시간 정도가 되었다. 그 3시간 동안 쉐도잉을 하려고 하면 생각보다 훨씬 입이 아프다. 그리고 가끔은 쉐도잉을 하는 것이 귀찮기도 했다. 그냥 재미있게 미드만 보고 있고 싶었던 것이다. 그래서 쉐도잉을 하다가 쉬면서 그냥 미드만 본 적도 많다. 하루에 쉐도잉을 20분 이상 하는 것은 정말 어려운 일이다. 그래서 자신을 너무 혹사시키는 것보다 재미가 우선이기에 쉐도잉을 해야 한다는 강박관념을 가질 필요는 없다.

결론적으로 하루에 5분이라도 쉐도잉을 한다는 것 자체에 굉장히 큰 의미가 있다. 하지만 쉐도잉을 많이 하는 것은 힘들 수 있으니 너무 집착하지 않아도 된다. 본인이 할 수 있는 만큼만 하면 된다. 이렇게 매일 꾸준하게 한다고 생각을 해 보자. 영어가 엄청나게 발전할 것이다.

여덟 번째 미드 보기

자막

여덟 번째도 영어 자막으로 보면 된다. 이미 외운 문장들이 많이 누적되어 있을 것이고 점점 자막에 대한 의존도가 낮아지게 된다. 그래도 아직 익숙하지 않은 어려운 문장들을 위해서 자막은 켜 두고 보는 것이 좋다. 지금부터 주의해야 하는 것은 발음을 교정해야 한다는 것이다. 특히 영어 자막을 읽으면 본인 발음이 그대로 나오기에 영어 자막을 읽는 느낌으로 쉐도잉을 하면 안 된다. 반드시 등장인물들의 소리에 집중해서 소리를 흉내 내려고 노력해야 한다.

발음

연구 결과에 따르면 사람이 태어나서 12개월이 지나면 모국어의 음소만 인지하게 된다고 한다. 예를 들면 한국인은 한국어의 소리만 들리고 영어 소리는 더 이상 들리지 않는 것이다. 이런 변화가 일어나는 이유가 있다. 일상생활에서 모국어의 소리만 들리기에 선택적 집중을 하고, 그래서 모국어 집중 현상이 발생한다. 그 이후부터는 다른 언어들의 음소들을 구분하는 능력이 상실된다고 한다. 실제로 이러한 내용을 다룬 여러 논문들을 확인할 수 있다.

그래서 성인이 되어서 영어를 학습할 때는 필연적으로 발음 때문에 어려움을 겪게 된다. 발음을 제대로 못 익힌다면, 상대방도 내 말을 알아듣기 힘들고, 또 나도 상대방의 발음을 알아듣기 어렵다. 그러면 성인이 되어서 음소 구별 능력을 상실하게 된 경우 이를 극복할 수 있는 방법은 없을까? 한 가지 방법으로 계속해서 발음에 대해 피드백을 받으면 개선될 수 있다.

나도 음소 구별 능력이 상실된 상태였다. 예를 들어 'R'과 'L' 소리를 전혀 구분하지 못했다. 그래서 'world'처럼 'R'과 'L'이 결합된 단어를 사전의 '발음 듣기 기능'을 통해 100번을 이상 들어 보았다. 들으면서 동시에 나도 발음을 따라 했다. 내 발음과 비교해 봤더니 조금씩 그 차이가 들리기 시작했다.

여러분은 음소 구별 능력이 있는가? 있다면 신경 쓰지 않아도 될 것이고, 음소 구별 능력이 없다면 계속해서 이에 대한 피드백을 받으면서 발음 훈련을 하면 충분히 보완할 수 있다. 발음에 대한 피드백이 곧 미드 쉐도잉이다. 미드를 틀어 놓고 원어민의 대사를 따라 해 보면서 내 발음과 원어민의 발음을 비교하는 것이다. 실시간으로 원어민의 발음 피드백이 이루어지는 셈이다. 이 훈련만으로도 발음은 원어민 수준에 이룰 수 있다.

정확한 발음의 중요성

우리는 학교에서 단어 위주로 영어 교육을 받았기 때문에 문장 위주의 발음에 대해서는 상당히 부족한 편이다. 그래서 쉐도잉을 할 때 특히 연음을 주의해야 하며, 연음 위주로 훈련을 해야 한다. 영어가 안 들리는 가장 큰 원인 중 하나가 바로 연음이다.

원어민들은 단어와 단어를 연결해서 발음을 하기 때문에 우리 입장에서는 안 들리는 경우가 많다. 이를 극복하기 위해서 많이 들어보는 것도 좋은 방법이지만 사실 더 좋은 방법은 내가 직접 단어와 단어를 연결해서 발음을 해 보는 것이다.

쉐도잉을 통해서 실제 미국 사람들이 단어와 단어를 연결해서 발음하는 것을 주의 깊게 듣고 따라 해 보면서 내 발음과 주인공들의 발음을 비교해 봐야 한다. 이렇게 비교를 하는 것만으로도 영어 발음이 크게 개선된다. 이때 영어 스펠링을 집중하게 되면 우리식 발음이 나오게 된다. 그래서 자막에 집중해서는 안 되고 최대한 소리에 집중해야 한다. 이런 연습을 통해서 원어민들의 연음 법칙에 대해서 조금씩 파악하게 된다.

영어를 유창하게 하기 위해서는 '문장 규칙'과 '발음' 둘 다 챙겨야 한다. 단순히 발음만 잘한다고 해서는 문장을 구성하지 못하기 때문에 본인이 알고 있는 문장으로만 말을 할 가능성이 높고 문장 규칙만 알고 있을 경우에는 말을 할 때 문장을 만들긴 하지만 말을 심하게 버벅거리게 된다.

가끔 영어에서 발음은 크게 중요하지 않다고 말하는 사람들이 있다. 하지만 이는 한국인들이 발음을 원어민들처럼 완벽히 할 수 없기에 이렇게 합리화를 하는 것이다. 하지만 부인할 수 없는 사실은 원어민들이 쓰는 발음이 가장 경제적이라는 것이다. 평생을 거쳐 영어라는 언어를 말하다 보니 이들은 가장 효율적인 방식으로 편안하게 발음할 수 있다.

효율적인 쉐도잉 연습

여러분들이 영어를 유창하게 원어민처럼 말하기를 원한다면 효율적인 영어 발음을 배우는 것은 매우 중요하다. 그래서 반복해서 얘기하지만 쉐도잉 연습이 매우 중요한 것이다. 그런데 이 쉐도잉을 할 때 여러분들을 가장 많이 방해하는 것이 바로 스펠링이다. 우리는 이미 영어 스펠링의 발음을 알고 있다. 이 사전 지식이 여러분들로 하여금 실제 원어민의 발음을 듣지 못하게 방해하는 것이다. 실제 원어민들이 발음하는 소리를 듣기보다는 스펠링을 그대로 읽으려고 하는 경향이 크다. 그래서 이를 극복할 수 있는 방법을 소개해 보겠다.

우리는 무지개를 보면 '빨주노초파남보'의 7가지 색깔을 본다. 이것이 우리가 무지개를 보는 방식이다. 그런데 과거에 한국인들은 무지개를 '검은색', '하얀색', '빨간색', '노란색', '파란색'으로 구분해서 오색 무지개라고 불렀다. 그래서 역사적으로도 문화권마다 무지개의 색깔을 다르게 인지하는 것을 볼 수 있다. 심지어 무지개의 색을 3개로 보는 문화권도 있다. 그리고 실제로 사람들이 무지개를 볼 때도 자신이 알고 있는 범위 내에서 색깔을 보게 된다.

하지만 실제로 무지개 안에 사람이 구별할 수 있는 색은 100만 개 정도 된다고 한다. 우리가 흔히 생각하는 '빨간색'과 '주황색' 중간에 다른 색깔들이 존재하는 것이다. 이렇게 생각하고 다시 한번 무지개를 보면 실제로 다른 색깔들이 보이기 시작한다.

영어의 발음도 마찬가지이다. 앞서 다뤘듯, 한국인으로서 우리는 우리가 배운 소리들만 인지하게 된다. 즉, 수많은 다른 색이 있음에도 무지개를 7가지 색으로만 보는 것과 같이 기타 다른 소리를 듣지 못하고 있는 것이다. 다음은 한국어에서 자음과 모음의 소리를 구분한 것이다. 이를 먼저 확인해 보자.

<자음> 19개

1. 기본 자음자: ㄱ, ㄴ, ㄷ, ㄹ, ㅁ, ㅂ, ㅅ, ㅇ, ㅈ, ㅊ, ㅋ, ㅌ, ㅍ, ㅎ (14개)

2. 복합 자음자: ㄲ, ㄸ, ㅃ, ㅆ, ㅉ (5개)

<모음> 21개

1. 기본 모음자: ㅏ, ㅑ, ㅓ, ㅕ, ㅗ, ㅛ, ㅜ, ㅠ, ㅡ, ㅣ (10개)

2. 복합 모음자: ㅐ, ㅒ, ㅔ, ㅖ, ㅘ, ㅙ, ㅚ, ㅝ, ㅞ, ㅟ, ㅢ (11개)

만약 우리가 알고 있는 자음과 모음의 사이에 다른 소리들이 존재한다면 어떨까? 사실상 무한한 소리들이 우리가 알고 있는 자음과 모음 사이에 숨어 있는 것이다. 이를 인지하고 나서 영어를 듣게 되면 훨씬 더 다양한 소리들을 인지하기 시작한다. 이것이 쉐도잉을 통해서 발음을 연습할 때 아주 핵심적인 지식이다. 이렇게 인지를 하고 쉐도잉을 하게 되었을 때 우리가 이때까지 알지 못했던 소리들을 익힐 수 있게 된다.

예를 들면 "나는 피자를 먹지 않는다.(I don't eat pizza.)"라는 문장을 발음하면 한국 사람들은 대부분 "아이 돈트 잇 피자"라고 발음한다. 하지만 실제 발음은 "아 돈/론 니 피쯔아"라고 소리가 난다. 여기서 집중해야 되는 부분은 'Don't'인데 원어민, 특히 미국인들은 말을 빨리 하다 보면 이 'don't'를 '돈'과 '론' 사이에 있는 소리로 발음을 하게 된다. 두 소리가 다 섞인 발음을 하는 것이다. 이것은 'd'라는 스펠링을 보고 있을 때는 절대 들을 수 없는 소리이다. 왜냐하면 우리는 'd'가 'ㄷ' 소리가 난다고 생각하고 있기 때문이다.

한국인이 발음하기 어려워서 말하기 어려운 표현이 하나 더 있다. "I should have eaten pizza.(나 피자 먹었어야 했는데.)"라는 표현인데 보통 발음을 해 보라고 하면 "아이 슈드 해브 이튼 피자"라고 발음을 한다. 한국말의 자음과 모음의 소리를 그대로 내는 것이다. 하지만 그 한국말의 자음과 모음 사이에 있는 다른 소리들로 정확하게 발음을 한다면 "아 슈/스 래 이튼/은 피쯔아"라고 소리가 나게 된다. 주목할 만한 점은 should의 발음인데 미국인들이 말을 빨리 하다 보면 '슈드'가 아니라 '슈'와 '스' 사이에 있는 소리로 발음을 하게 된다. 'Eaten'의 '튼'도 빨리 발음하면 '트'와 '으' 사이의 소리가 난다.

이 모든 현상들은 발음을 편안하고 쉽게 하기 위해서 일어나는 현상이다. 간단하게 생각하면 최대한 입에서 힘을 빼고 입을 적게 움직이는 방향으로 이 발음들이 형성이 된다고 생각을 하면 된다. 그렇게 생각하면 굉장히 쉽다. 항상 발음할 때 입에 힘을 빼고 입을 최대한 적게 움직이는 것이 경제적이기 때문이다.

문장 규칙

원어민은 태어날 때부터 수없이 많은 영어 문장에 노출된다. 어떻게 보면 자는 시간 외에는 계속해서 영어 문장에 노출이 되는데, 이런 막대한 양의 영어 문장을 통해서 모국어의 규칙성을 익혀 나간다. 이 규칙성을 파악하는 게 정말 중요한데, 그래야 문장을 다양한 형태로 활용할 수 있기 때문이다.

하지만 영어를 외국어로 배우는 성인들은 상황이 다르다. 특히 어순이 다르고 문화권이 다른 우리는 더욱 상황이 불리하다. 현실적으로 영어 규칙을 파악할 만큼의 막대한 영어 문장 노출은 불가능하기 때문이다. 하루 10시간 이상 영어에 노출을 시켜야 하는데, 이는 현실적으로 불가능하다.

우리의 영어 학습량을 대략적으로 계산해 보자. 학창 시절 외에는 영어 공부를 꾸준히 하지 않는 경우가 대부분이다. 그래서 초등학교 때부터 대학교까지 16년 동안 매일 1시간씩 영어를 공부했다고 가정해 보자. 매일 성실하게 학습했을 때 16년이면 영어 학습량이 총 5,840시간이 나온다.

원어민들은 자는 시간 8시간을 제외하면 항상 영어로 대화하고 생각하고 생활한다. 그래서 하루에 16시간 영어를 사용한다고 했을 때, 원어민들은 딱 1년이면 우리가 학창 시절 영어를 공부했던 시간을 채울 수 있다. 원어민 기준 10살이면 일반적인 한국인의 학창 시절을 10번을 보낸 영어 학습량을 갖추게 되는 것이다. 30살이 된 원어민을 생각해 보자. 그는 무려 한국인 학창 시절 30번의 영어 학습량을 갖추는 것이다. 대략적으로 계산했을 때 한국인의 평생 영어 학습량은 원어민에게는 1년 영어 학습량에 불과한 것이다.

이렇게 얼마 안 되는 영어 환경에 노출된 상태에서 영어의 규칙성을 찾으려면 거의 무한대의 학습량이 필요하다. 내가 미드를 300번을 보면서 영어가 정체되었던 이유가 바로 이것 때문이었다. 당시 나는 정말 많이 미드를 봤지만 규칙성을 파악하지 못해서 어려움을 겪었다.

그때 나는 학습 전략을 바꿔서 먼저 집중해서 영어의 규칙성을 익히고 훈련을 한 뒤 다시 영어 문장에 대한 노출을 늘렸다. 그러자 내 영어 실력은 폭발적으로 성장하기 시작했다. 규칙성을 정확하게 파악하고 나서 훈련하면 훨씬 더 빠르게 습득이 될 수 있다. 이는 마치 무작정 외우면 잊어버리기 쉽지만, 원리를 알고 외우면 기억에 오래 남는 것과 같다.

많은 사람들이 영어 문장을 외워서 쓰면 된다고 생각하는데 그렇게 되면 영어 규칙성에 대한 이해가 없기 때문에 실전에서 활용하기에는 매우 어렵다. 또 이렇게 외운 문장들은 정말 빠른 속도로 잊어버리게 된다. 이러한 공부는 한계가 금방 온다. 단순히 경험치를 늘리는 방식으로는 절대로 여러분이 원하는 레벨에 도달할 수 없다는 것을 인지하자.

마음 자세

발음 때문에 영어가 안 된다고 생각하는 사람들이 많다. 이들은 발음이 안 되고, 발음이 잘 안 들려서 영어를 못하는 것이라고 생각한다. 발음이 좋아지고 단어를 많이 외우면 영어를 잘하게 될 거라고 생각한다. 하지만 우리 생각과는 다르게 문제는 다른 곳에서 발생한다. 나는 발음을 정말 중요하게 생각했고 발음 훈련에 정말 많은 시간을 투자했다. 미드를 볼 때도 항상 발음 위주로 신경을 썼던 것이다. 그런데 미드 〈How I met your mother〉를 보면서 발음을 완벽하게 익혔다고 생각했음에도 정작 다른 영화를 보면 영어가 잘 안 들렸다. 정확하고 완벽하게 이해한 문장이 50%를 넘지 못했다. 그렇게 발음 훈련을 했음에도 왜 영어가 안 들렸던 것일까?

나는 학창 시절에 영어 단어를 그 누구보다 많이 외웠기 때문에 사실 단어도 문제는 없었다. 단어도 알고 발음도 내 기준 거의 완벽한 수준에 도달했는데 도무지 영어가 들리지 않는 것이다. 도대체 어떻게 해야 영어를 완벽하게 알아들을 수 있을까? 그런데 이 문제를 획기적으로 해결해 주는 방법을 발견했다.

발음의 파괴

보통 원어민들이 영어를 하면 유창하기 때문에 우리에게는 굉장히 빠른 속도로 들린다. 그런데 속도만 빠른 것이 아니라 단어도 순식간에 지나가기에 평상시에 우리가 알던 단어의 발음과 다를 수 있다. 발음이 빨라지면서 발음의 파괴가 필연적으로 일어나기 때문이다.

나는 이것을 '문장 발음'이라고 부른다. 그런데 대부분의 한국 사람들은 영어 문장 발음을 거의 못한다. 대부분 사람들의 발음은 '단어 발음'에 기초하고 있다. 우리는 원어민들의 영어를 여러 매체를 통해서 얼마나 많이 들었는가? 초등학교 때부터 계속 들었는데 왜 우리의 발음은 그들의 문장 발음과 다른 것인가? 왜 우리는 단어 발음을 하는 것인가? 그 이유는 바로 한국 사람들은 문장을 단어로 쪼개서 인식하기 때문이다. 단어 하나하나를 읽고 해석해서 의미를 조합해 내는 것이다. 그러니 발음도 단어 하나씩 하는 것이다.

그럼 왜 한국 사람들은 영어 문장을 하나로 인식하지 못하고 여러 개의 단어로 인지하는 것일까? 내 생각에는 두 가지 이유가 있다. 첫 번째는 문장 자체의 구성에 대한 지식이 부족하다는 것이다. 영어와 한국어는 어순도 다르고, 배경 장소와 시간 등을 배치하는 순서도 다르고, 사람마다 변화하는 동사의 특징도 다르다. 이 모든 것을 알아야 제대로 된 영어 문장을 만들 수 있는데, 현실적으로 쉽지 않다.

이미 모국어를 배우면서 이런 것들을 다 배운 유럽인들은 이 부분에서 전혀 어려움을 겪지 않고 쉽고 빠르게 통으로 문장을 구사한다. 한국 사람들은 이것이 안 되기 때문에 차라리 단어에 집중하는 것을 택한 것이다. 그러니 각 단어의 의미를 하나하나 번역해서 문장 전체를 이해할 수밖에 없다.

그럼 도대체 어떻게 해야 문장을 여러 개의 단어들로 인식하는 것이 아닌 문장 자체로 인식을 할 수 있을까? 문장 규칙을 훈련하면 이것이 가능해진다. 그것이 바로 동사 활용이다. 이 훈련을 하고 나면 문장을 여러 개의 단어로 인식하는 것이 아니라, 하나의 문장으로 인식할 수 있게 된다. 문장이 보이기 시작하는 것이다. 그러면 발음도 문장 발음이 들리기 시작한다.

한국인이 영어 문장을 통으로 인지하지 못하는 이유

두 번째 이유는 우리가 영어를 공부하는 방식에 문제가 있다는 것이다. 우리는 단어를 외워서 문장에 나오는 수많은 단어들을 하나씩 해석해서 의미를 파악하는 식으로 공부를 했다. 하지만 원어민이 말하는 것을 듣고 이해할 때는 이런 식으로 해석이 불가능하다.

일상대화에서 빠른 속도로 지나가는 원어민의 말을 이해할 수 있는 방법은 오직 하나밖에 없다. 이미 원어민이 쓰는 그 문장을 알고 있어야만 순식간에 그 문장 자체를 인지하게 된다. 해석할 시간이 없다. 우리가 공부한 방식으로 영어로 유창하게 말하는 것은 불가능하다. 그렇다면 결론은 우리 안에 수많은 영어 문장들이 이미 자리 잡고 있어야만 영어로 알아들을 수 있고 말할 수도 있다는 이야기다.

그렇다면 어떻게 우리 안에 수많은 영어 문장들을 집어넣을 수 있을까? 어릴 적부터 성인이 되기까지 얼마나 많은 영어를 들었을까? 그럼에도 불구하고 우리 안에 들어와 있는 영어 문장들은 거의 없다. 이때까지 수많은 영어 문장들을 들었지만 하나도 흡수를 못 한 것이다. 결국 단어만 학습하고 문장을 제대로 인지하지 못했기 때문이다.

어떻게 하면 문장을 인지할 수 있을까? 바로 동사 활용 훈련을 하면 문장을 인지하기 시작한다. 실제로 내가 동사 활용 훈련을 하고 나서부터 영어 문장들이 내 안에 급속도로 쌓이기 시작했다. 그 후로는 영화나 드라마를 봤을 때 약 95%를 정확하게 알아듣게 되었다. 결국 핵심은 동사이며, 동사 활용 훈련을 통해서 문장이 쌓이게 되면 영어는 자연스럽게 들리게 된다.

아홉 번째 미드 보기

자막

영어를 가장 잘할 수 있는 방법 중 하나는 문장을 통째로 외우는 것이다. 영어 자막을 틀어 놓고 계속 반복해서 미드를 보는 것은 이런 관점에서 굉장히 효과적인 공부 방법이다. 영어 자막을 틀어 놓고 같은 미드를 아홉 번이나 반복해서 봤을 때 얼마나 많은 문장들을 외우겠는가. 바로 이런 효과 때문에 미국 드라마가 가장 효율적인 것이다. 이제는 그동안 학습한 데이터를 기반으로 영어로 수많은 문장들을 자유롭게 말할 수가 있게 된다.

앞서 영어 자막을 보는 것이 책으로 치면 한 시즌이 책 두 권 분량이라고 언급했다. 책 두 권을 아홉 번을 봤다고 생각을 해 보자. 정말 엄청나게 많은 문장들을 외울 수 있을 것이다. 이렇게 문장을 외우고 나서 본인이 외운 문장을 활용할 수 있는 실력까지 갖추게 된다면 이제는 원어민의 수준을 넘볼 수 있는 상태가 된다. 일단 문장들을 외워야 활용을 할 수 있기 때문에 자막을 틀어 놓고 미드를 여러 번 반복해서 보는 것이 굉장히 중요하다. 이번 단계까지 오면서 수많을 문장들을 자동으로 외웠기에 제대로 미드를 반복해서 봤다면 큰 효과를 느낄 것이다. 앞으로도 미국 드라마 또는 영화로 공부를 할 때 자막의 중요성을 인지하고 반복해서 보면서 학습하는 방향으로 나아가면 더욱 영어 실력이 상승할 것이다.

소리

발음을 교정하는 것은 절대 쉬운 일이 아니다. 나도 4년간 학생들을 지도하면서 느꼈지만 사람마다 소리를 들을 수 있는 능력이 너무 다르다. 정확한 발음을 알려 줬을 때 이를 바로 알아듣고 개선이 되는 사람이 있는가 하면 아무리 알려 줘도 발음이 개선되지 않는 사람들도 있다. 이런 것은 선천적으로 소리를 잘 들을 수 있는 능력을 가지고 태어난 사람들이 유리할 수밖에 없다.

그래서 내가 제안하는 것은 최소한의 발음 규칙은 꼭 지키자는 것이다. 최소한의 발음 규칙이란 알파벳 발음을 말하는 게 아니다. 그보다는 문장 전체 발음이다. 이는 소리를 들을 수 있는 능력이 없어도 누구나 개선할 수 있다. 문장 전체 발음에 대한 개념이 생기면 발음에 대한 고민이 사라진다. 다음에 내가 제안하는 팁을 참고해서 미드를 보기 바란다. 원리만 이해하면 매우 간단하다.

❶ 호흡에 따른 자연스러운 발음

앞서 언급한 것처럼 사람이 말을 할 때는 호흡을 내뱉으면서 말한다. 그렇게 되면 뒤로 갈수록 숨이 부족하기 때문에 음이 낮아지고 소리가 작아지게 된다. 특히 모르는 단어나 발음에 자신 없는 단어들은 음을 높여서 발음하는 경우가 많다. 문장이 진행될수록 점점 음을 낮춘다는 것을 항상 인지하면 좋다. 이것만 지켜도 억양이 자연스러워지고 영어를 잘하는 것처럼 들리게 된다.

❷ 뒷단어 배려하기

다시 얘기하지만 단어 단위로 문장을 발음해서는 안 된다. 항상 문장 단위로 발성을 한다는 생각을 가지고 훈련해야 한다. 이때 중요한 것은 우리가 뒤에 나오는 단어들을 반드시 배려해야 한다는 점이다. 앞의 단어를 너무 완벽하게 발음해 버리면 이후에 나오는 단어들은 발음하기가 어려워진다. 그래서 뒤에 나오는 단어들을 배려하기 위해서 대부분의 경우 단어의 끝 발음은 생략하는 경우가 많다.

또한 뒷단어의 발음을 고려해서 발음을 할 때 입을 크게 벌리면 안 된다. 입을 크게 벌리면 속도가 느려질 수밖에 없고 이후 단어를 발음하기도 힘들다. 이때 입의 움직임이 가장 적은 발음은 '어' 발음이다. '우', '오'의 발음은 입술을 동그랗게 모아야 한다. 빠르게 말할 때는 입술을 모으는 동작마저 힘든 동작이 된다. 이렇게 되면 다음 발음을 할 때 방해가 된다. 그래서 '우'와 '오'는 발음을 희생하는 경우가 많다.

I want to marry you.
아이 **원투** 메뤼 유 (x)
아 **원어** 메뤼 유 (o)

All I need is you.
올아이 니드 이스 유 (x)
얼라이 니리스 유 (o)

'ㅣ' 같은 발음도 입꼬리를 올려야 하기 때문에 다음 단어를 발음하는 데 있어서 방해가 많이 된다. 그래서 희생시키는 경우가 많다.

Ability
어빌리티(x)
어빌러리(O)

Nationality
내셔낼리티(x)
내셔낼러리(O)

미국식 영어에서는 'D'와 'T'도 발음을 희생시키는 경우가 정말 많다. 실제로 다음과 같이 발음해 보면 좀 더 편안함을 느낄 수 있다.

I don't want to go home.
아이 돈트 원투 고 홈(x)
아 론 워너 고 홈(O)

She doesn't like you.
쉬 더즌 라이크 유(x)
쉬 러즌 라이큐(O)

Why do you say that?

와이 **두**유 새이 댓(x)

와이 **르**유 새이 댓 (O)

그리고 단어와 단어는 서로 연결해서 발음을 해야 한다. 연결해서 발음해야 발음이 편하다.

I haven't studied English.

아 헤븐 스떠리링글리쉬

'ㄲ', 'ㄸ', 'ㅃ'처럼 된소리를 인지하는 것도 정말 발음 연습에 큰 도움이 된다.

I am speaking English.

아임 스삐킹 잉글리쉬

Is he working?

이지 월낑?

추가로 'leave', 'lead', 'sleep', 'beach' 등 모음이 2개인 경우 발음을 길게 해야 한다. 짧게 발음하면 완전히 다른 단어가 된다.

Sleep → 슬리입

Leave → 리이입

Beach → 비이취

Lead → 리이읻

단어 표현

일반적으로 영어 문장은 크게 변하는 부분(동사)과 변하지 않는 부분(나머지)으로 나뉜다. 쉐도잉을 했을 때 눈에 띄게 좋아지는 부분은 바로 '변하지 않는 부분'이다. 특별한 변수가 없기 때문에 외우기만 해도 바로 활용할 수 있다. 이런 구조들은 쉐도잉을 통해서 반복하다 보면 입에 붙게 되고 무의식적으로 쓸 수 있게 된다. 예를 들어 다음과 같은 표현은 쉐도잉을 통해 자연스럽게 습득이 되는 것이다.

in the morning

as soon as possible

for the first time

on the way

on the other hand

쉐도잉을 많이 하다 보면 이런 단편적인 표현들이 많이 외워지는데, 이때 영어가 많이 늘었다는 느낌을 받고 자신감도 생긴다. 그런데 이렇게 효과를 봤기 때문에 쉐도잉으로만 계속 공부하려는 경우가 있는데,

이는 좋은 전략이 아니다. 변수가 있는 동사 활용, 즉, 영어 규칙은 쉐도잉만으로 마스터하기가 거의 불가능하다. 수없이 다양한 형태로 동사가 변형되기에 이것을 완전히 파악해서 내 것으로 만들기는 거의 불가능하다.

5장 미드 영어의 완성

열 번째 미드 보기

마지막 여정

축하한다! 여기까지 책을 읽은 여러분은 한국인에게 필요한 영어 학습 방법에 대해서 이해하게 되었을 것이다. 많은 사람들이 미국에 가서 오래 살면 당연히 영어를 잘하게 될 거라고 생각한다. 영어를 많이 듣고(input) 많이 말하면(output) 영어가 늘 것이라고 생각하는 것이다. 하지만 현실은 그렇게 단순하지 않다. 아무리 영어를 많이 듣고 많이 말해도 영어가 늘지 않는 경우가 대부분이다. 왜 이런 일이 발생하는지, 그렇다면 이에 대한 해결책은 무엇인지 제시하려고 지금까지 그 방법을 설명했다.

지금까지 미드를 반복해서 볼 때마다 필요한 부분들을 소개했다. 지금까지는 영어를 흡수하는 인풋에 대한 내용이었다면 이번 장에서는 그 다음 단계인 아웃풋에 대해서 설명하도록 하겠다.

먼저 지금까지의 내용을 간단하게 정리해 보면 다음과 같다. 한국인은 영어를 할 때 문장을 만들면 안 된다. 동서양의 문화 사고방식이 다르기 때문이다. 그래서 원어민들의 영어를 그대로 받아들이는 방식으로 공부를 해야 된다. 따라서 미드를 반복해서 보면서 영어를 받아들이는 것이 최고의 학습법이다.

그런데 미드를 보는 과정에서 영어를 흡수하는 데 상당한 어려움을 겪게 된다. 한국어에는 없는 부분들이 인지가 잘 되지 않기 때문이다. 그래서 이 부분을 의식적으로 훈련해야만 한다. 이것이 앞에서 다룬 '동사 활용 훈련'과 '1문장 = 1동사'이다. 이 훈련을 하면 영어 문장을 인지하기 시작하고 그것들이 내 안에 쌓이기 시작한다. 이후 다양한 형태의 문장들을 수십 가지로 활용할 수 있기에 학습에 초가속화가 일어난다. 여기까지가 영어의 인풋, 즉 어떻게 하면 영어를 더 효과적으로 흡수할 수 있는지에 대한 방법이었다.

이제는 어떻게 지금까지 흡수한 영어를 아웃풋, 즉 말하기로 연결시킬 수 있는지 이야기하도록 하겠다. 아웃풋이란 영어로 내가 말을 하거나 쓰는 행위를 말하는데, 이 아웃풋 연습을 해야만 실질적으로 내 안에 쌓인 영어를 자유자재로 사용할 수 있게 된다.

원어민이랑 친한데 왜 영어가 안 늘지?

중학교 때 원어민 선생님과 친하게 지냈던 영어 선생님이 계셨다. 교무실도 같이 쓰고 계속 영어로 대화를 하곤 했다. 그런데 한 가지 이상한 점이 있었는데, 이 선생님은 영어를 말할 때 항상 머뭇거리셨다. 마치 영어가 잘 생각이 나지 않는 것 같은 모습이었다. 그런데 선생님이 자주 쓰던 표현 중에 하나가 'you know(있잖아)'였다. 이 선생님이 영어를 유창하게 한다는 생각은 들지 않았다. 그럼에도 신기한 건 'you know'라고 하면 원어민 선생님이 눈치껏 다 알아들었다는 것이다.

비슷한 일이 또 있었는데, 수능을 보고 나서 친구와 필리핀 여행을 간 적이 있다. 당시 나는 미드를 많이 본 상태였기 때문에 어느 정도 영어로 문장을 만들 수가 있었고 내 친구는 영어를 단어로만 말하는 수준이었다. 필리핀 사람들은 영어를 제법 하는 사람들이 꽤 있었고 특히 서비스 직종에 종사하는 사람들은 영어를 곧잘 했다. 나는 당연히 내가 그들과 의사소통을 훨씬 더 잘할 거라고 생각했다.

그런데 예상치 못한 일이 일어났다. 단어 수준의 영어만 하는 내 친구가 더 빠른 속도로 필리핀 사람들과 대화를 하는 것이었다. 내가 영어로 문장을 만드는 중에 옆에서 친구가 단어 하나를 툭 뱉어 버리면 필리핀 사람들이 눈치로 알아듣는 것이었다. "Excuse me, where can I find the toilet?"이라고 내가 말하는 중에 친구는 "Toilet?"과 같이 한 마디만 해도 다 이해하는 것이었다. 대부분의 상황에서 내 친구가 나보다 영어를 잘하는 것처럼 보였다. 사실 이는 상당히 중요한 의미를 갖는다.

한국인이 영어를 못하는 이유 중 하나로 '흡수'가 잘 안 되어서 그렇다는 이야기는 이미 많이 했다. 흡수가 안 되기 때문에 내 안에 영어가 없고, 그래서 영어를 말하지 못하는 것이다. 이런 상황에서는 문장을 만드는 것이 불가능하기 때문에 단어로만 대화를 하려고 한다. 문제는 단어로만 대화를 해도 어느 정도 효과가 있다는 것이다.

7-38-55 모델

'7-38-55' 모델은 '메라비언의 법칙'이라고도 불린다. 이는 심리학자이자 UCLA의 교수였던 앨버트 메라비언(Albert Mehrabian)이 발표한 이론이다. 핵심은 의사소통에 있어서 보디랭귀지는 55%, 목소리는 38%, 말의 내용은 7%만 작용한다는 것이다. 특히 보디랭귀지에서는 얼굴 표정이 큰 비중을 차지한다고 한다. 그래서 영어를 단어로만 툭툭 내뱉어도 몸짓이나 표정과 같은 비언어적 의미 전달을 활용하면 의사소통이 된다는 것이다.

한국인들은 앞에서도 언급한 것처럼 영어로 문장을 만드는 것이 정말 힘들기 때문에 비언어적 의미 전달에 의존할 수밖에 없다. 이렇게 되면 단어만으로도 의사소통이 어느 정도 가능하기 때문에 본인이 대화를 제대로 하고 있다고 착각을 한다. 실제로 이 정도면 영어를 잘한다고 생각하는 경우가 많다. 하지만 대화가 길어지거나 좀 더 세부적인 내용을 다루게 되면 얼굴 표정만으로는 대화를 계속해서 이어 나갈 수가 없다.

원어민들의 영어 말하는 속도가 정말 빠르다는 점도 한몫한다. 원어민과 대화를 할 때, 그 속도에 맞춰서 문장을 순식간에 만드는 것은 거의 불가능하다. 그러니 그들과 이야기를 나누려고 하면 단어만 써야 겨우 속도를 맞출 수 있다. 그래서 계속해서 단어만 내뱉게 되고 정확한 문장을 만들려는 시도 자체를 안 하게 된다. 대신 몸짓, 표정과 목소리를 많이 동원해서 부족한 의미를 채우는 것이다. 이렇게 비언어적 의미 전달에 의지해서 영어를 사용하게 되면 미국에 10년을 살아도 영어가 늘지 않는 이상한 현상이 일어나게 된다.

  그래서 정말 영어를 잘하고 싶다면 언어적 의미 전달에 기초를 두고 말하기 연습을 해야 한다. 이것이 바로 동사 활용 연습이다. 이를 훈련하면 영어 흡수가 잘 되고, 흡수한 문장들을 내가 직접 사용해 보면 되는 것이다.

  물론 처음에는 내 영어 실력이 오히려 더 퇴보하는 느낌을 받을 수도 있다. 빠른 속도로 단어 중심의 의사소통을 하다가, 문장 중심으로 하려고 하니 속도가 점점 느려지고 오히려 의사소통을 하는 데 시간이 더 많이 걸릴 수도 있다. 하지만 이게 익숙해질수록 속도가 빨라지기 시작하고, 결국에는 제대로 된 문장으로 원어민과 능숙하게 소통까지 할 수 있게 된다.

마지막 점검

미드 학습의 한계

이제 10번 정도 미드를 봤다면 여러분의 영어는 어느 정도 완성 단계에 접어들었다. 이렇게 미드를 통해서 어느 정도 말하기에 자신감이 생기면 내가 쓰는 표현이 정확한 표현인지 알고 싶은 욕망이 생긴다. 그런데 이는 옆에 원어민이 항상 상주하면서 교정해 주지 않는 이상 정확하게 확인할 방법이 없다. 그렇다면 어떻게 해야 내 문장이 맞는지 확인할 수 있을까? 처음에 나는 미드에서 나온 표현을 그대로 외워서 쓰면 간단히 해결될 거라 생각했다. 그래서 정말 수많은 표현들을 토씨 하나 안 틀리고 똑같이 외우기 시작했다. 그러자 이 문제가 점점 해결이 되는 것처럼 느껴졌다. 내 안에 올바른 문장들이 쌓이기 시작했고 정확한 영어를 구할 수 있겠다고 생각했다.

그런데 예상과 달리 부작용이 나타나기 시작했다. 내 기억력의 한계가 있다 보니, 외우는 문장이 많아질수록 문장들이 조금씩 헷갈리기 시작한 것이다. 시간이 지나면 지날수록 이해 없이 무작정 외웠던 문장들은 점점 내 머릿속에서 흐릿해졌다. 그렇게 암기를 통해서 쌓아 올렸던 내 영어가 무너져 내린다고 느껴졌다. 하나를 외우면 다른 하나를 잊어버렸다. 아무리 열심히 해도 시간이 지나면 다 사라져 버린다는 생각이 드니 엄청난 좌절감에 빠졌다.

이런 현상은 수많은 유학생들에게도 일어나는 일이다. 유학생들의 가장 큰 고민 중 하나는 학업을 마치고 한국에 귀국한 뒤 살다 보면 영어를 점점 잊어버린다는 것이었다. 미국에 3~5년 동안 유학을 갔다 온 학생들이 비싼 돈 들여서 영어 실력을 갖췄는데, 이게 시간이 지나면서 다 무너져 버리는 것이다. 이렇게 영어가 무너지는 이유는 유학 기간 동안 기억력에 의지해서 많은 표현들을 쌓아 올렸기 때문이다. 그런데 한국에 오고 시간이 지나면서 본인의 영어를 단단하게 잡을 수 있는 기준이 없기 때문에 무너지고 만다.

시간이 지나면서 기억력에 의존했던 학습 방법은 반드시 무너져 버릴 수밖에 없다. 소중한 영어 문장들을 내 안에 쌓아 올릴 때 기억력에 의존해서는 안 되고 단단한 기반 위에 의지해야 한다. 그 기준은 복잡하면 안 되고, 간단하고 단순해야 한다. 그래서 '1문장 = 1동사'와 '동사 활용'이라는 개념이 중요한 것이다.

1문장 = 1동사

'1문장 = 1동사' 법칙을 활용하면 잘못된 표현들을 반복해서 쓰다가도 그 표현이 굳어 버리는 불상사를 막을 수가 있다. 스스로 영어를 써 보면서 쓰는 즉시 본인의 영어가 정확한 표현인지 구분할 수 있기 때문에 계속해서 영어를 스스로 교정해 나갈 수 있게 된다.

시간이 지나서 기억이 흐릿해져도 문제없고 동시에 내가 잘못 쓰고 있는 표현들의 교정까지 할 수 있다. 이와 더불어 동사 활용 훈련을 하면 주어와 동사가 해결되니 존재하는 모든 영어 문장들의 주어 및 동사 부분이 훈련되는 것이다. 영어의 변수인 동사를 통제하고 나면 영어 흡수력이 크게 향상된다. 문장의 나머지는 거의 변하지 않기에 쉽기 때문이다. 이것이 한국 사람이 원어민처럼 영어를 할 수 있는 수준까지 계속해서 성장할 수 있는 비결이다. 이렇게 기본기를 완벽하게 다져놓으면, 한국 사람들이 기피하는 어려운 영어 구조도 편안하게 흡수할 수 있다.

실전 영어 완성하기

화상영어

영어를 잘하는 방법은 간단하다. 영어를 내 안에 많이 채워 놓고 이후에 꺼내서 활용하는 훈련을 많이 하는 것이다. 영어를 채워 넣는 것은 미드를 보는 것처럼 한국에서도 가능하다. 하지만 영어를 꺼내는 것인 말하기는 한국에서 혼자 하기 힘들다.

그래서 영어 말하기 훈련은 영어권 국가에 가서 사는 것이 매우 유리하다. 원어민들과 일반적인 대화를 많이 할 수 있는 환경이 마련되어 있기 때문이다. 하지만 이제는 굳이 영어권 국가에 가지 않고서도 원어민들을 마음껏 만날 수 있다. 그게 화상영어이다.

그 원어민들을 만나서 우리가 해야 되는 것은 바로 영어를 꺼내는 작업이다. 가장 중요한 것은 최대한 말을 많이 해야 한다. 원어민이 말하는 것을 듣고 있으면 그건 돈과 시간 낭비이다. 원어민을 만나서 대화하는 것은 내 영어 실력을 확인하는 시험과 같다. 화상영어는 원어민에게 새로운 영어를 배우는 게 아니라 이제껏 공부한 영어를 활용하는 무대인 것이다. 화상영어로 가장 유명한 업체는 '캠블리', '엔구', '링글' 등이 있다. 이 중에서 본인 성향에 맞게 하나를 골라서 화상영어에 도전해 볼 것을 추천한다.

원어민과의 대화에서 점유율 높이는 법

화상영어는 내가 말하기 연습을 하기 위해 하는 것이다. 그래서 여러분의 대화 점유율이 최소 50%는 되어야 한다. 원어민이 말을 많이 하지 않게 하는 것이 관건이다. 원어민은 영어가 유창하기 때문에 조금만 말을 해도 금방 대화 점유율이 올라간다. 절대 그 사람들이 혼자서 떠들게 두면 안 된다. 어떻게 하면 여러분이 대화를 많이 할 수 있을지 두 가지 팁을 제시한다.

❶ 원어민에게 미리 말을 많이 하지 말라고 이야기한다.
화상영어가 시작하면 처음에 인사한다고 10분이 그냥 지나간다. 이 시간을 줄여야 한다. 매번 이름 물어보며 자기소개를 하는데 그럴 시간이 없다. 한 가지 팁을 주자면 처음 시작할 때 다음과 같이 이야기하면 서로 편하게 대화를 시작할 수 있다.

> Hello, Mike. My name is Sua. I am from South Korea.
> 안녕, 마이크. 나는 한국 사람이고 이름은 수아라고 해.
> I am here to practice speaking. You don't have to speak.
> 나는 영어 말하기 연습하러 왔어. 너는 말 안 해도 괜찮아.
> I want to speak. So relax and sit back.
> 내가 말하고 싶어. 그러니 긴장 풀고 편하게 앉아.
> And if I make a mistake, please let me know on the chat. Let me start.
> 그리고 내가 영어 실수를 하면, 채팅창에 알려 줘. 그럼 시작할게.

이제 여러분이 준비한 이야기를 하면 된다. 이렇게 하면 초반 인사를 30초 안에 끝낼 수 있다. 채팅창을 통해서 피드백을 받으면 좋은 이유는 대부분의 업체들이 채팅 기록을 계속 남겨 두기 때문이다. 그래서 기록으로 남기면 끝나고 나서도 복습하기가 좋다. 또 채팅창을 활용하면 중간에 말이 끊기지 않으니 시간 확보에도 유리하다. 만약 실시간으로 피드백 받기를 원하면, 'If I make a mistake, please let me know'라고 말하면 된다. 그러면 틀렸을 때 원어민이 바로바로 이야기해 줄 것이다.

❷ **원어민의 말이 길어지면 중간에 끊어야 한다.**
튜터들은 우리가 돈을 주고 고용한 것이기 때문에 최대한 우리 위주로 수업을 진행하려고 노력한다. 그럼에도 우리가 말을 제대로 안 하고 조용히 있으면 자연스럽게 튜터의 말이 많아질 수밖에 없다. 그래서 최대한 미리 준비를 해서 말을 많이 해야 하며, 중간에 튜터의 말이 길어지면 양해를 구하고 과감하게 끊어야 한다. 그렇게 중간에 말을 끊어도 튜터는 대부분 이해한다.

나는 화상영어를 할 때 최대한 내가 말을 많이 하려고 노력하는데 어떤 때는 거의 대화 점유율이 90%까지 될 정도로 진행한다. 중간에 튜터의 말을 끊을 때는 'Sorry to interrupt'라고 간단하게 이야기하면 된다. 예의 지킨다고 튜터가 계속 말을 하게 두면 말 한 마디 못 하고 30분 연설을 듣고 끝날 확률이 높다.

피드백 받기

피드백도 어느 정도 기본 영어 실력이 있어야 도움이 된다. 영어를 아예 모르는 사람에게는 피드백이 전혀 도움이 되지 않는다. 피드백을 받을 실력조차 안 되는 것이다. 그래서 피드백을 받을 정도의 실력까지는 영어를 공부해야 하는데, 바로 '1문장 = 1동사' 그리고 '동사 활용'을 공부해야 한다. 원어민과 대화를 할 때도 내 문장이 정확한지 항상 스스로 체크를 해야 한다. 가장 많이 헷갈리는 게, 일반동사와 Be동사를 혼동하는 것이다.

Is she eat pizza? (x)

Does she eating pizza? (x)

이런 식인데, 이런 실수를 할 때마다 본인이 스스로 캐치할 수 있어야 한다. 이런 기본적인 부분까지 튜터에게 교정을 받는 것은 시간 낭비가 될 수 있다. 피드백은 이런 기본적인 것을 제외하고 좀 더 의미 있는 영역에서 받는 것이 좋다.

초급자는 아직 틀리는 부분이 많기에 대화 중 실시간으로 최대한 피드백을 많이 받는 식으로 수업을 진행하는 것이 좋다. 어차피 초급자 수준에서 계속해서 말을 하기는 어렵기에 절반의 시간은 피드백을 받는다는 생각으로 임하는 것이 좋다.

중급자는 이미 많은 표현을 알고 있음에도 처음에는 영어로 말하는 게 쉽지 않을 수 있다. 하지만 조금만 시간이 지나면 영어가 정리되기 시작한다. 그래서 최대한 말을 많이 하는 방향으로 진행하고 피드백은 수업 끝나기 10분 전이나 채팅을 통해서 받은 후 수업 끝나고 복습을 하는 것이 좋다.

고급자는 말하는 시간을 80% 이상으로 해서 대화를 주도해야 한다. 나는 30분짜리 수업에서 거의 혼자서 떠든 적도 있다. 이렇게 혼자 떠들면 튜터 입장에서는 오히려 본인이 할 일이 줄어들어 더 편할 수 있다. 고급자 수준에서는 피드백은 최대한 간단하게 받고 넘어가야 한다. 말을 많이 할수록 영어 실력이 상승한다. 한 번의 수업에서 잘못된 표현들 두세 개 정도 피드백을 받는다고 해도 성공적이다.

원어민과 대화에서 최고의 이야깃거리

화상영어에서 어떤 주제로 대화를 해야 할지 전혀 감이 안 잡힌다면 수업 전에 미리 준비를 하는 게 좋다. 사전 준비 없이 그냥 수업을 시작하면 원어민 이야기만 듣고 나올 가능성이 높다. 사실 평소에 원어민과 대화를 해 본 적이 없다면 어떤 주제로 말해야 할지 막막할 수 있다.

많은 화상영어 회사들이 대화할 토픽들을 교재로 제공하는데, 대부분 수업에서 이 교재를 이용하는 것으로 알고 있다. 그런데 나는 이런 교재는 추천하고 싶지 않다. 수업 중 절반 이상의 시간이 이런 교재를 읽는 데 소모된다. 교재를 사용하는 것도 물론 좋겠지만 자유로운 대화를 하는 것을 추천한다. 이게 실용적이다. 그래서 가장 추천하는 대화 방식은 본인의 과거 이야기를 하는 것이다. 한국인 대부분이 과거형에 익숙하지 않기에 꽤나 좋은 훈련이 된다.

대화 준비는 10분 이내로 ChatGPT를 활용해서 수업에 들어가면 좋다. 구글 번역기보다 정확하고 특히 구어체 번역이 탁월해서 사람이 말하는 듯한 자연스러움이 특징이다. 나는 파파고보다도 더 낫다고 생각하니 꼭 사용해 보길 바란다.

좋은 튜터 고르는 법

아무래도 초급자들은 자신과 잘 맞는 선생님을 찾는 게 쉽지 않다. 일단 원어민과 대화한다는 생각에 두려움을 가질 수 있다. 그래서 초급자들은 대부분 본인의 말을 잘 들어주고 적당히 잘 리드해 줄 수 있는 튜터를 원한다. 내가 생각했을 때 좋은 튜터는 내가 말을 할 수 있도록 적절한 질문을 잘하며, 틀린 부분을 정확하게 교정해 주는 원어민이다. 물론 처음에 이런 분들을 찾는 데는 좀 시간이 걸릴 수 있다.

중급자 이상이라면 특정 한 명만 고집하지 말고 여러 유형의 튜터를 접해 보는 게 좋다. 처음에는 제공되는 튜터의 프로필을 참고해서 어떤 튜터가 좋을지 꼼꼼하게 따지는 것이 중요하긴 하지만 여기에 너무 많은 시간 투자를 하면 안 된다. 수업은 30분인데 원하는 튜터를 찾는다고 그 시간을 다 허비하기도 한다. 원어민들이라 대부분 영어를 정말 잘하기 때문에 튜터 실력은 걱정 안 해도 된다.

원어민 튜터

튜터는 가급적 원어민을 쓰길 바란다. 물론 튜터들은 모두 검증된 사람들이긴 하지만 비원어민 튜터는 수준도 천차만별이고 무엇보다도 제대로 된 피드백을 못 받을 수도 있다. 본인이 말하는 영어도 정확하지 않은 경우가 많아서 그런 상태에서는 수준 높은 피드백을 기대하기는 어렵다.

수준별로 추천하는 화상영어 업체로는 초급에서는 엔구, 중고급에서는 캠블리 등이 있다. 취업 면접이나 비즈니스 발표 등 전문적인 피드백이 필요한 특수한 상황에서는 링글을 추천한다.

비언어적 표현 자제

수업에서는 항상 문장으로 말하려고 노력해야 한다. 단어로만 말해도 원어민은 대충 눈치를 챈다. 그럼에도 끝까지 문장을 내뱉는 연습을 해야 한다. 우리는 단순히 원어민과 의사소통을 하려고 비용을 지불한 것이 아니다. 의사소통보다 우리가 원하는 문장을 제대로 만드는 것이 중요하다.

때로는 어떻게 영어로 말해야 할지 전혀 생각이 안 날 수도 있다. 그럴 때는 튜터에게 모르겠다고 하고 물어보면 된다. 그렇게 배운 표현은 그 자리에서 5번 이상 입으로 따라 해 보면 좋다. 얼렁뚱땅 눈치로 대충 대화하는 습관은 버리는 게 좋다. 물론 수업이 끝나고 난 뒤 영어를 엉터리로 해서 창피함을 느낄 수도 있다. 그런데 이는 당연한 과정이다. 부족한 부분을 개선하려고 화상영어를 하는 것이기에 이것이 개선되면 영어가 좋아질 수밖에 없다.

수업이 엉망이어도 괜찮다. 꾸준하게 하는 것이 무엇보다 중요하다. 그리고 '1문장 = 1동사' 규칙과 '동사 활용 훈련'을 계속한다면 어떤 원어민을 만나도 두렵지 않게 된다. 여러분의 끊임없이 성장하는 영어를 응원한다.

MEMO